남순동자 구법여행 ❶
남해안 108 성지순례

남순동자 구법여행 ❶

남해안 108 성지순례

김용덕

북마크

성지순례 길을
여는 마음

순례라는 말은 단순한 여행의 차원을 넘어 더 깊고 무거운 뜻을 품고 있다. 순례는 종교의 발상지 또는 성인의 무덤이나 거주지 같은 유적을 방문하여 참배함을 이르는 말이다.

순례는 종교 수행의 한 방편이다. 석가 · 공자 · 예수 같은 성인들도 한때 천하를 주유하면서 깨달음을 얻어 인류의 스승이 될 수 있었다. 보통 사람들도 여행을 통해서 다양한 지식을 얻고, 자기를 돌아보는 시간을 통해 한 단계 성장하는 경험을 한다. 서양에서 '자식을 진정으로 사랑한다면 재산을 물려주지 말고 여행을 시키라.'는 속담은 여행이 삶의 지혜를 주고, 인생의 나침반이 됨을 말해준다.

왜 순례를 하는가? 순례하는 목적은 사람마다 의도하는 바가 다를 것이다. 순례의 본뜻에는 종교적인 목적이 있으므로 순례하는 마음가짐이 무엇보다 중요하다. 짧은 기간 불교성지 순례를 통해서 부처님이 깨달은 언저리만이라도 다가갈 수 있다면 행운일 것이다.

나는 1200년 동안 이어지는 일본 시코쿠 '오헨로' 순례 길을 걸으며 내내 한국의 순례 길을 머리에 이고 걸었다. 귀국해서 바로 순례 길 닦는 과업을 착수하지 못하고 차일피일 미루다가, 《장자》에서 '도는 실천해야 이루어진다(道行之而成).'라는 구절이 눈에 들어왔다. 물론 여기서 말한 '道'는 더 깊은 의미를 지니고 있지만 '道'를 단순히 길로 해석하였다.

순례 길 여는 자세는 서산 대사가 일러주었다.

踏雪夜中去 눈 덮인 밤길을 걸을 때는
不須胡亂行 함부로 어지럽게 걷지 마라.
今日我行踏 오늘 내가 걷는 길은
遂作後人程 반드시 뒷사람의 길이 되리니.

여기서도 서산 대사가 말하고자 하는 은유적인 뜻을 취한 것이 아니라 표면적인 의미만 받아들였다.

순례라는 화두가 머릿속에서 떠나지 않다가 문득《화엄경》〈보문품〉에서 선재동자가 깨달음을 얻기 위해 선지식을 찾아 떠나는 구법여행 장면이 떠올랐다. 선재동자는 남쪽으로 구법여행을 떠났으므로 '남순동자'라고도 부른다. 남순동자가 53(또는 54) 선지식을 만나러 구법여행을 떠난 곳이 남해이듯 남해안을 따라 순례 길을 열어야겠다고 생각이 정리되었다. 대상 사찰은 옛절(古刹)인 전통사찰 중에서 남순동자가 만난 54선지식의 배수이며 108번뇌를 벗어나는 의미로 108사찰을 대상으로 삼았다.

어쩌면 이 남해안 따라가는 순례 길은 프루스트의 시 〈가지 않은 길〉처럼 누군가에게 인생에서 뜻깊은 길이 될지도 모른다.

숲속에 두 갈래 길이 있었네.
나는 사람들이 적게 간 길을 택했네.
그것이 내 모든 것을 바꾸어 놓았네.

《남해안 108 성지순례》길을 걷는 순례자는 떠나는 순간 남순동자
가 된다. 모든 순례자들이 지나간 삶을 되돌아보면서, 앞으로 걸어갈 길
을 환히 밝혀줄 등대 하나씩 세우는 구법여행이 되기를…….

CONTENTS

2장. 완도, 장흥, 강진, 영암의 전통 사찰 순례 길

3장. 장흥, 나주, 화순, 보성의 전통 사찰 순례 길

4장. 낙안, 벌교, 고흥의 전통 사찰 순례 길

001 ~ 053

踏雪夜中去 눈 덮인 밤길을 걸을 때는
不須胡亂行 함부로 어지럽게 걷지 마라.
今日我行踏 오늘 내가 걷는 길은
遂作後人程 반드시 뒷사람의 길이 되리니.

남해안 108
성지순례

1장

목포, 해남, 진도의 전통 사찰 순례 길

목포 유달산 정혜원 ⇨ 900m ⇨ 목포 유달산 달성사 ⇨ 20.1km ⇨ 영암 삼호읍 축성사 ⇨ 16km ⇨ 해남 운거산 서동사 ⇨ 21.8km ⇨ 진도 금골산 오층석탑 ⇨ 6km ⇨ 진도 용장산성 용장사 ⇨ 11.6km ⇨ 진도 첨찰산 쌍계사 ⇨ 27.8km ⇨ 해남 보타산 도장사 ⇨ 26.5km ⇨ 해남 금강산 은적사 ⇨ 20km ⇨ 해남 두륜산 대흥사 ⇨ 1.2km ⇨ 해남 두륜산 대흥사 일지암 ⇨ 1.3km ⇨ 해남 두륜산 대흥사 북미륵암 ⇨ 12.9km ⇨ 해남 천태산 태영사 ⇨ 11.1km ⇨ 해남 달마산 미황사 ⇨ 4.5km ⇨ 해남 달마산 도솔암 ⇨ 36.5km ⇨ 완도 남망산 신흥사

목포 유달산

정/혜/원

목포의 절들이 유달산에 많이 있다는 사실은 현장에 와서 알았다. 문헌으로 전통사찰을 조사했을 때 백 년이 넘는 사찰이거나 문화재가 있는 사찰을 대상으로 삼다 보니 목포에서는 달성사와 정혜원이 검색되었다.

성지순례 첫날 2019년 10월 28일, KTX로 목포에 도착해서 오후 1시부터 걸었다. 초행길이라서 같은 길을 두 번씩 왕복하느라 시간을 많이 허비하였다. 날이 저물어 유달산 근처에 숙소를 잡으려고 찾다가 유달산 둘레길 입구에서 본 게스트하우스 간판이 생각났다. 게스트하우스에 가니 빈방이 없다며 정혜원 부근 다른 게스트하우스를 알려주었다.

정혜원 앞에 작고 예쁜 게스트하우스가 있다. 그 게스트하우스에는 다행히 빈방이 있었다. 게스트하우스 주변으로 식당가가 있어서 저녁을 먹은 후 숙소에 들었다. 아침에 간단한 토스트와 과일, 샐러드를 제공해 주

정혜원 일본식 법당

는 것도 마음에 들었다.

유달산 입구에서 가장 가까이 있는 절 정광정혜원(淨光定慧院)은 목포 유달산 노적봉 바로 아래에 있다. 절의 크기는 아주 작아서 일주문이 길에 바짝 닿아 있다. 건물도 법당에 잇대어 지은 요사채가 있을 뿐 다른 건물이 있지도 않다.

정혜원은 1917년 일본인 도현 화상이 '홍선사'라는 이름으로 창건하였다. 이 절의 특징은 일본불교 건축양식으로 지어서 법당에 들어가면 중간에 기둥을 두고 뒤편으로 불상을 모셨다. 군산 동국사도 일본식 사찰이어서 정혜원과 같은 구조다. 정혜원이 지어질 때는 일제가 '조선불교사찰령'(1911년)을 내려 우리나라 사찰을 통폐합하고 없앨 무렵이다. 우리나라 사찰을 없애면서 일본 스님에게는 사찰 신축을 허가해 주었다.

해방 후에 만암 스님이 사찰 이름을 '정광정혜원'으로 바꾸었다. 이 절

정혜원 일주문

에 만암 스님과 서옹 스님처럼 근세 고승들이 주석하였고, 법정 스님 출가 인연이 있는 절이기도 하다. 법정 스님은 해남 우수영에서 목포로 유학을 와서 목포 초급상과대(전남대학교 상대 전신)에 다녔다. 그때 이 절에서 숙식하며 절의 일을 도운 것으로 알려져 있다. 법정 스님은 이 절에서 시인 고은 일초 스님의 안내로 통영 미래사에 계시던 효봉 스님을 찾아가 머리를 깎았다.

사찰 입구에 대학생이던 청년 박재철이 나중에 《무소유》의 저자로 유명한 법정 스님으로 태어난 것을 기념하기 위해 세운 조형물이 있다.

절마당에는 석탑과 관음보살좌상이 처마 밑에 방치된 듯 놓여 있다. 제자리를 찾아 보호할 수 있으면 하는 아쉬움이 있다. 석탑의 형태는 일본 닛꼬(日光)의 도쇼궁(東照宮)에서 본 탑과 닮았다.

002

목포 유달산

달
성
사

달성사는 유달산에 있는 전통사찰이다. 정광정혜원에서 유달산 둘레길을 따라 700m 가량 걸어 십여 분이면 도착할 수 있다. 산 중턱에 있으므로 절에서 목포 시내가 시원하게 내려다 보인다.

이 절의 창건 유래는 조선 말기 창건설과 1913년 노대련 선사 창건설이 있다. 노대련 선사는 대흥사 스님이었다. 4월 초파일 이곳에 와서 보고 절을 창건했다고 하는 것으로 보아, 앞서 작은 규모의 암자가 있었을 가능성이 있다. 달성사 경내에는 옥정이라는 우물이 있다. 노대련 선사가 백일기도를 하던 중 영험으로 삼십 척 바위를 뚫어 생수가 솟아났다고 한다. 만약 부정한 사람이 와서 먹으면 샘물이 일시 마른다는 신비한 전설이 있다. 경내에 노대련 선사의 창건비가 세워져 있다.

달성사로 오르는 길에 특이하게 생긴 삼층석탑이 있다. 탑신의 높이

달성사 삼층석탑

달성사 목조삼존불

가 옥개석을 포함한 보주까지의 길이보다 길다. 2m 가까운 탑신에 시주한 사람들의 이름을 새겼다. 탑의 뒷면에는 한글로 '나무아미타불', 측면에는 한자로 '南無阿彌陀佛'이라고 새겼다. 달성사 문화재로는 정조 10년(1786년)에 주조된 범종이 있다. 달성사 저녁 종소리는 신묘하여 듣는 이의 가슴에 오랫동안 여운을 남긴다는 목포 8경 중 하나로 꼽힌다.

극락보전에는 목조아미타삼존불(전라남도 유형문화재 제228호)을 모셨다. 아미타삼존불은 숙종 4년(1678년) 만덕산 백련사에서 조성되었다. 아미타삼존상은 아미타불을 중앙에 두고, 좌우로 관음보살과 대세지보살을 협시불로 모셨다. 명부전의 목조지장보살삼존상과 시왕상은 명종 20년(1565년) 나주 남평 웅점사(운흥사)에서 조성되었다. 지장보살삼존상 및 시왕상, 9존의 패관상, 4구 사자상은 국가보물 제2011호로 지정되었다. 이 지장보살상은 반가사유상과 같은 자세를 가지고 있어서 조선 초기 불상 연구의 중요한 자료다.

유달산은 주변으로 둘레길이 잘 닦여 있다. 둘레길에는 관광객은 물론 조깅 하는 주민까지 통행이 끊이질 않는다. 유달산 입구에 가면 '유달산의 사찰'이라는 안내 간판이 있다. 안내판에는 모두 7개의 사찰이 표시되어 있다. 이 중에서 백 년이 넘는 사찰은 정혜원과 달성사뿐이다. 나머지 보성사·관음사·원효사 등이 조금 오래되었고, 최근에 지은 학암사와 해봉사가 있다.

  이들 사찰을 둘러보고 쓸쓸하다는 생각이 들었다. 절을 유지하는 데에 어려움은 없을까 하는 생각이 스치고 지나갔다. 인구 조사 통계에 따르면 인구가 해마다 줄어들고 있다. 따라서 종교 인구가 줄어드는 것은 당연하다. 불교는 기독교처럼 포교에 적극적이지도 않다. 과거에는 음력 초하루 보름에 절을 찾았다. 전통적 신앙생활은 주 단위로 이어지는 현대인의 생활주기와 맞지 않는다. 신도 확충에 한계를 보일 수밖에 없다.

달성사 극락보전

003

영암 삼호읍

축/성/사

목포에서 축성사로 가기 위해 유달산에서 해상케이블카를 타기로 했다. 축성사까지 가려면 해안도로를 빙 둘러서 가야 한다. 지도를 보니 목포대교로 건너면 지름길로 갈 수 있을 것 같다. 그런데 목포대교는 차량 전용도로라서 사람이 걸어갈 수 없다. 게스트하우스 주인이 케이블카를 타고 가라고 알려주었다.

우리나라 최장(3.2km), 최고(155m)의 케이블카를 타고 발아래 펼쳐지는 유달산의 기암괴석과 보석처럼 박힌 다도해의 섬 경치를 보고 싶은 생각도 있었다. 이튿날 아침 목포 북항 케이블카 승강장으로 갔다. 승강장은 이미 기다리는 사람들이 백 미터 넘게 줄을 서서 건물 밖까지 나와 있다. 승차표를 사서 줄 뒤에 서 있는데 좀처럼 줄어들지 않는다. 한 걸음 한 걸음 건물 안으로 들어서 보니 꼬불꼬불 이어진 줄이 2층까지 이어져 있다. 승객은 대부분 할머니, 할아버지이다. 케이블카 타려고 전국에서 단체로 관광버스를 타고 온 것이다.

그때 줄을 앞질러 가는 사람들이 있다. 나중에 알고 보니 앞질러 간 사람들은 승차권이 달랐다. 일반은 22,000원인데 바닥을 내려다 볼 수 있는 크리스탈 표는 27,000원으로 조금 비싸서 승차 우선권을 준 것이다. 한 시간 반 이상 기다려 케이블카를 탈 수 있었다.

목포 북항에서 이십여 분 케이블카를 타고 고하도에 내렸을 때는 이미 열두 시가 지났다. 승강장 안에 있는 식당에서 점심 식사를 하고 길을 나섰다. 바다를 끼고 나 있는 오솔길은 갈대와 억새가 어우러져 가을 정취를 물씬 풍겨준다. 야트막한 언덕길에 올라서니 무화과 밭이 길옆으로 펼쳐져 있다. 나도 모르게 무화과를 따서 입으로 가져갔다. 순간 주인이 지켜볼지 모른다는 생각이 머리를 스치며 '소가 된 스님'이라는 옛날 이야기가 생각났다.

옛날 한 스님이 들길을 가다가 벼 이삭 한 줄기를 뽑아서 까먹었다. 스님은 죽어서 주인 허락 없이 벼 이삭을 까먹은 죄로 그 집의 소로 태어나는 과보를 받았다. 소로 태어난 스님을 낮 동안 주인이 뒷산에 매어두었다. 그때 산적들이 주인집으로 밤에 강도질하러 갈 음모를 꾸미는 장면을 목격하였다.

집에 돌아온 소(스님)는 주인에게 이 사실을 알리려고 주인을 불렀다. 소가 말을 하자 주인은 깜짝 놀랐다. 그리고 스님이 소가 된 사연을 알게 되었다. 주인은 소가 시키는 대로 여러 가지 음식을 장만하여 산적들이 오기를 기다렸다. 한밤중에 산적들이 몰려오자 주인은 기다렸다는 듯이 환영하며 잘 차린 음식을 대접했다. 산적들은 어안이 벙벙하여 어떻게 우리가 올 줄 알았느냐고 물었다. 주인은 외양간의 소를 가리키며 그 동안 있었던 이야기를 들려주었다. 산적들은 그제야 자기들이 도둑질한 죄가 얼마나 큰지 깨달았다. 그리고 지난 잘못을 뉘우치며 모두 머리를 깎고 스님이 되었다.

축성사 나반존자상

고하도에서 허사도를 지나 삼호읍으로 들어가는 오른쪽으로 축성사가 있다. 원래는 1920년 일제 초기 목포에 인접한 해안가에 지은 작은 암자였다. 1994년 삼호중공업 단지를 조성하면서 원래 위치에서 1.5km 떨어진 지금 장소로 이전하였다.

축성사에는 전라남도 문화재자료 제210호로 지정된 목조나반존자상이 있다. 발원문에 따르면 나반존자상은 숙종 26년(1700년) 해남 성도암에서 조성하였다. 나반존자상은 소발의 머리에 원만한 상호를 가지고 있다. 눈·코·입 등을 사실적으로 표현하였고, 수인은 선정인을 하고 있다. 규모는 높이 46cm, 어깨 폭 22.5cm, 대좌 11cm다. 크기가 작아서 도난당했다가 찾아와서 지금은 따로 안전하게 보관하고 있다.

이곳 가람은 깎아지른 절벽 아래에 대웅보전과 극락보전을 나란히 지었다. 대웅전 뒤편 토굴 형태 공간에 마모된 마애여래좌상이 있다. 원래

남해안 108 성지순례

축성사 대웅전

축성암에 있던 여래상을 이곳으로 옮겼다고 한다. 마애불의 형태는 고졸한 느낌을 준다.

　삼호읍을 벗어나 금호방조제를 건너며 위험에 맞닥뜨렸다. 방조제는 바다를 막아 다리를 놓으며 사람이 다니는 인도는 만들지 않았다. 차도에 붙은 좁은 갓길을 따라 다리를 건너는데 큰 트럭이 과속으로 지나가면 몸이 휘청거릴 지경이다. 공포가 엄습해서 되돌아갈까 생각했을 때는 다리의 절반도 넘게 건너와 버렸다. 그런데 저쪽 반대편으로 걸어가는 사람들이 눈에 들어온다. 다리를 들어설 때 오른쪽 방조제 길을 택했더라면 이런 위험이 없었을 것이다. 영암호 다리를 건너갈 때는 반드시 오른쪽 방조제를 따라서 걸어야 한다.

　방조제 안쪽 영암호에는 겨울 철새가 군무를 지어 나르고 있다. 방조제를 건너니 사람의 자취는 보이지 않고 곧게 뻗은 도로로 차들만 쌩쌩

축성사 마애불

내달린다. 인적 없는 길을 홀로 걸으니 나라는 존재가 좀 더 뚜렷이 보인다. 그동안 걸어온 굴곡진 인생길과 앞으로 얼마 남지 않은 종착점을 생각한다. 남아있는 길은 얼마이며, 남은 길에서 할 일은 무엇인가?

억새꽃이 흐드러지게 피어있는 길은 끝없이 이어진다. 해는 어느덧 서산에 기울어 저녁노을을 피워 올린다. 바다에 펼쳐지는 노을은 한 폭의 그림이다. 노을 색깔이 옅어질 무렵 불현듯 두려움이 엄습해 왔다. 사방을 둘러봐도 바다와 갈대만 보이고 민가가 없으니 얼마를 더 걸어야 숙소를 만날지 불안했다. 그런데 발가락까지 아프기 시작해 점점 걷기가 힘들다.

땅거미가 내릴 무렵 저 멀리 건물 하나가 희미하게 눈에 들어왔다. 들판 가운데 있으니 그것이 창고인지 집인지 구분이 되지 않는다. 가까이 다가가서야 펜션임을 알고 안도의 숨을 내쉬었다. 펜션에는 비수기라서 다행히 빈방이 있었다. 펜션은 가족 기준이라서 4인 가족이 머무는 값을 요구했다. 숙박비의 많고 적음을 따질 상황이 아니다.

순례 길에서 가장 어려운 문제는 숙소다. 시골에는 마땅한 여관이나 민박집이 없어서 미리 숙소를 알아보고 떠나야 한다. 만약을 대비해 택시회사 번호를 미리 알아두면 좋다.

004

해남 운거산

서동사

펜션에서 하룻밤 피로를 풀고 시간을 아끼기 위해 일찍 출발했다. 펜션에서 서동사까지는 약 8km이다. 거리와 시간에 신경을 쓰게 된 것은 어제 당한 두려움 때문이다. 대자유를 얻기 위해 순례를 떠났으면 아무런 구애를 받지 말아야 할 터인데, 현실의 구속에서 벗어나지 못하니 진정한 순례자가 되려면 아직 멀었나 보다. 편의점에서 라면으로 아침 식사를 때우고 길을 나섰다.

서동사로 가는 시골 풍경은 한가롭기 그지없다. 지도에는 서동사 가는 길이 면 소재지로 빙 둘러 가게 되어 있다. 산으로 가는 지름길이 있을 듯하여 지나가는 아주머니에게 물으니 친절하게도 그림까지 그려가며 일러준다. 두 갈래 길이 나오면 오른쪽 길로 가라 한다. 오른쪽 길은 산 중턱으로 난 좁은 도로다. 산 중턱에 '화원어린이집'이 아이들이 그린

서동사 목조여래삼존불(보물 제1715호)

그림처럼 걸려 있다. 길옆 김장 배추밭에는 스프링클러가 연신 물을 뿜
어낸다. 소금에 절인 해남 배추는 김장배추로 인기가 높다. 올해는 태풍
을 두 번이나 맞아서 다 망가졌다는 보도를 보았는데, 싱싱하게 자란 배
추들이 시원한 물줄기를 맞으며 푸르게 자라고 있다.

　고개를 넘으니 서동사 표지판이 눈에 들어왔다. 삼거리에 아담한 정자
를 품은 쌈지 공원이 정겹다. 절은 산 중턱에 고즈넉이 자리하고 넓은 품
을 벌려 맞아준다. 절에는 스님의 모습도 보이지 않고, 가랑잎만 맥없이
떨어져 적막감을 더한다. 해가 중천에 떠서 시장기가 밀려오고 점심 요
기할 준비 없이 길을 떠나 온 잘못이 뉘우쳐진다. 처음 시작한 순례 길이
라서 간식거리라도 챙겨야 하는데 이런저런 시행착오가 많다.

　서동사의 연혁은 1980년 초 대웅전의 지붕을 보수하면서 발견된 〈서
동사중수상량문〉을 통해서 개략적인 시기를 파악할 수 있다. 이 기록에

따르면 서동사는 통일신라 진성여왕(887~896년) 때 고운 최치원이 창건하였다고 한다. 이후 임진왜란과 정유재란 때 병화로 모두 소실되고 대웅전만 화를 면했다. 대웅전이 화를 면한 것은 칡덩굴이 대웅전을 감싸고 있었기 때문이라 한다. 칡덩굴이 대웅전을 감싸고 있었다면 그때 절이 비어있었다는 말이다. 전란 후 1780년 의윤 스님이 주축이 되어 중수하였다.

　서동사의 중요 문화재는 목조여래삼불좌상(보물 제1715호)과 서동사 대웅전(전라남도 문화재자료 제174호)이 있다. 석가여래삼불좌상은 중앙에 석가여래를 중심으로 좌측에 약사여래, 우측에 아미타여래를 봉안했다. 법당에 삼불을 배치하는 형식은 조선조 후기 17세기 무렵 성행했다. 전란으로 소실된 전각을 재건할 때 재정적 어려움으로 불상을 함께 모셨다는 견해도 있다.

절 주변의 동백나무와 비자나무 숲이 전라남도 기념물 제245호로 지정되어 있다. 동백나무와 비자나무 숲은 140여 그루가 섞여 있다. 동백나무는 직경 40cm에 높이 6m가량이고, 비자나무는 큰 것은 직경이 70cm 내외, 높이는 18m나 되어 그 가치가 높게 평가된다.

서동사를 내려와 화원면 소재지에서 우선 식당부터 찾았다. 면 소재지라서 번화할 것이라고 여겼는데 조금 큰 마을에 지나지 않을 정도로 한적하다. 소재지는 더 가야 있을 줄 알았는데 소방서가 눈에 들어왔다. 규모는 작지만 소방서가 있을 정도면 면 소재지가 분명하다. 조금 더 가니 면사무소·우체국·지서(파출소)가 보인다.

길가에 허름한 백반집이 눈에 들어왔다. 식당 안에는 60살 넘어 보이는 할아버지 셋이 소주와 맥주병을 늘어놓고 마시며 시끄럽게 떠들고 있었다. 그중 선글라스를 낀 노인이 육두문자를 섞어 왕년의 무용담을 자랑하며 큰 소리로 떠들었다. 식당 주인은 그들보다 나이가 더 들어 70살 전후로 보이는데, 손님들이 술 한 잔 받으라며 부르자 다가가서 그들과 어울렸다. 내 점심 식사를 차려준 주방 할머니도 "나도 한 잔 주쇼. 잉~." 하며 술판으로 다가가 주객이 구분되지 않는 대낮 술판이 벌어졌다.

느긋하게 점심을 먹고 길을 나섰다. 우수영 관광단지에 숙소가 있을 것이라고 믿고 가는 것이다. '관광레저도'라고 이름 붙인 도로는 차량의 통행이 뜸하다. 한적한 시골길은 그야말로 늦가을 정취를 한껏 돋우어준다. 그런데 문제가 심각해졌다. 이미 해가 서산마루에 걸렸는데 조금씩 아프던 발가락이 걸음을 옮길 때마다 견디기 힘든 통증으로 압박해 온다. 신발을 벗어 보니 이미 양쪽 새끼발가락에 물집이 잡혔다.

남해안 108 성지순례

초등학교 때부터 중학교까지 9년을 이십 리 등굣길(7km)을 걸어 다녀서 걷는 것은 자신 있었다. 일본 시코쿠 '오헨로' 순례 길을 걸을 때도 아무런 탈 없어서 발병이 날 것이라고는 생각하지 못했다. 쩔뚝거리며 걷는데 시골길은 마을조차 보이지 않는다. 숙박은 얼마를 더 가야 가능할지 절망감이 엄습했다. 한참 걸으니 외딴집 한 채가 눈에 들어오고 저만치 떨어져 언덕에 두어 채 집이 더 있다. 길가에 있는 외딴집 문을 두드려도 인기척이 없다.

다시 길을 걸을 수밖에 도리가 없다. 그때 버스 한 대가 뒤에서 다가왔다. 이것저것 따질 겨를 없이 손을 들었다. 버스가 멈추어서 올라타니 여기는 정류소가 아니라고 버스 기사가 한마디 한다. 자동차에 타고 안도의 숨을 쉬기도 전에 갈등이 시작됐다. 걸어서 '남해안 108 성지순례'라고 세운 계획을 단 이틀 만에 파기했으니 말이다. 버스를 타고 가며 약속을 어긴 실망감이 가슴 한구석에 아프게 꽂혔다.

버스로 5분 남짓 달려 도착한 곳은 우수영 관광단지였다. 우수영관광호텔에 묵으며 발가락 물집을 터뜨리고, 약을 바른 다음 밴드로 감싸두었다. 걱정했는데 아침에 일어나니 다행히 통증은 사라졌다.

005

진도 금골산

오층석탑

서동사에서 진도 금골산 오층석탑까지는 21km나 되므로 도중에서 숙박하는 게 좋다. 서동사에서 15km 떨어진 우수영관광지에 최근 오픈한 모텔과 관광호텔이 있다. 관광단지에서 약 1km쯤 걸어가면 진도대교가 나온다. 대교 전에 펜션이 하나 있고, 건너편에도 펜션과 모텔이 있다.

진도대교가 있는 울돌목은 이순신 장군의 명량해전으로 유명한 곳이다. 대교 아래로 바닷물이 사나운 소리를 내며 소용돌이 친다.

"신에게는 아직 열두 척의 배가 있사옵니다."

절박하게 외친 이순신 장군의 지략이 없었더라면 민족의 운명이 어떻게 바뀌었을지 모른다.

진도 금골산 오층석탑(보물 제529호)은 진도군 군내면 둔전리에 있다. 고려시대의 탑으로 높이가 4.5m, 단층 기단에 오층석탑을 쌓았다.

이 탑은 백제시대 석탑의 영향을 받아 고려 후기에 세웠을 것으로 추정된다. 옥개석 두께는 얇고 각 층의 탑신도 가늘게 조성하여 날씬한 모습이다. 탑의 뒤쪽으로 법당이 있었을 자리가 꽤 넓다. 넓은 빈터에 여러 전각이 늘어선 당시 절의 모습이 선하게 떠오른다. 탑을 중심으로 전후좌우를 둘러보면 당시 이 절의 규모가 얼마나 컸을지 짐작이 간다.

금골산 오층석탑(보물 제529호)

금골산은 산 전체가 커다란 바위로 우뚝 솟아 기묘한 형상을 보여 준다. 마치 예술가가 작품을 조각한 듯 절벽이 아름답다. 보는 방향에 따라 사람, 동물 또는 어떤 형상을 연상케 하는 기암괴석들이 산 전체를 만물상으로 구성하고 있다. 그래서 이곳 사람들은 이 산을 진도의 금강산이라고 부른다.

오층석탑에서 금골산을 올려다보면 중턱에 절이 하나 보인다. 근년에 지은 해월사다. 해월사는 오층석탑이 있는 곳에 있던 옛 절의 이름이다.

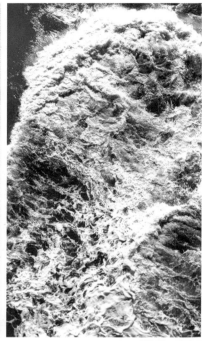

금골산 마애여래　　　　　　　　　　　　울돌목 소용돌이

금골산 정상 깎아지른 벼랑 석굴에 마애여래좌상(전라남도 문화재자료 제110호)이 있다. 마애여래좌상까지 가려면 등산로로 약 1km 올라가야 한다. 등산로는 비교적 잘 닦여 있고 떡갈나무와 잡목들이 시원한 그늘을 만들어 준다.

　정상에서 마애불까지는 벼랑길을 내려가야 한다. 벼랑길은 암벽에 쇠말뚝을 박아 줄을 잡고 오르내리도록 안전장치가 되어 있다. 옛날에 경사가 급한 벼랑길을 어떻게 다녔을지 궁금하다. 더구나 여자들 특히, 할머니들이라면 도저히 엄두도 내지 못할 곳에 마애불이 있다. 어렵게 마애불을 친견한 순간 환희심은 그만큼 더 컸으리라.

마애불이 있는 곳은 동굴처럼 파여 있다. 마애불을 새긴 석벽은 작은 구멍이 숭숭 뚫려있다. 마애불 앞으로 산대나무가 병풍처럼 둘러쳐서 바람을 막아준다. 마애여래좌상은 높이가 3.8m로 가부좌를 튼 부처상이다. 양어깨에 옷이 걸쳐진 통견의 법의를 입고, 얼굴은 둥글고 눈이 작으며 주먹코로 표현되어 있다. 마애불의 가슴 부위에 사각형 구멍이 뚫려 있다. 복장물을 넣었던 감실로 여겨진다.

정언 벼슬을 한 이주(李胄)가 이곳에 유배되어 쓴 〈무오산록〉에 따르면, 진도군수를 지낸 유호지가 시주하여 1469년부터 3년 동안에 걸쳐서 마애불을 조성했다고 한다. 마애불로 오르는 등산로 길가에 이주의 귀양터를 알리는 표지석이 있다. 표지석 아래로 유자나무 밭이 있다. 가을볕을 받은 해맑은 노란빛 유자가 주렁주렁 열려 유자 향을 풍긴다.

006

진도 용장산성

용
장
사

　용장사는 용장산성 안에 있는 고려시대 사찰이다. 용장산성은 슬픈 역사를 간직한 성이다. 가을 햇살을 받아 고즈넉한 용장산성은 침묵을 지키고 있다. 이 산성은 몽골이 침략하여 삼별초군이 끝까지 항쟁하다 전몰한 항몽유적지다.

　배중손이 이끄는 삼별초군은 강화에서 조정이 몽골에 항복하자 반기를 들었다. 배중손을 지도자로 한 삼별초군은 왕족인 승하후 온을 옹립하고 황제(1270년)로 칭하며 새 정권을 세웠다. 이들은 배에 재물과 백성들을 싣고 진도 벽파진에 도착하였다. 그리고 용장산성을 개축하고 성안에 있던 용장사를 궁궐로 삼아 관료조직을 정비하였다.

　진도에 진을 친 삼별초군이 궁성을 크게 만들고 백성들에게 항몽 의지를 북돋우자 많은 백성이 모여들었다. 인근 해안과 섬 일대를 권역으로 해상왕국을 이루었다. 삼별초군의 규모가 커지자 조정과 몽골은 연합군을 만들어 토벌에 나섰다. 그리하여 4년여를 버티던 용장산성은 십여 일간의 치열한 전투 끝에 함락당하고 말았다.

삼별초군의 임금 온과 배중손은 죽임을 당하고, 김통정은 남은 군사를 이끌고 제주도로 건너갔다. 김통정이 이끄는 삼별초군 일부가 제주도로 탈출할 때 궁성에 있던 궁녀들은 몽골군에 능욕당하지 않으려고 저수지에 스스로 뛰어들어 자결하였다. 궁녀들이 뛰어든 저수지는 지금도 '궁녀둠벙'이라는 이름으로 남아있다. 세월이 흐르며 거의 메워져 둠벙(물웅덩이) 형태로 남은 것이다. 지금도 비가 오는 흐린 날에는 여인들의 흐느끼는 울음소리가 들려온다는 전설이 있다. 한때 황제였던 온은 도망가다가 붙잡혀 죽임을 당하였다. 온이 묻혔다는 고개에 그의 무덤과 말무덤이 쓸쓸히 전설로 전해온다.

용장산성 터

용장사 약사여래삼존불

용장산성 터는 돌로 쌓았던 행궁터가 계단식으로 남아있다. 행궁터 아래에 용장사가 있다. 용장사는 근래에 복원한 사찰이다. 《옥주지》와 《진도군지》에 따르면 용장사는 고려 태조나 고종(1213~1259년) 때 창건한 것으로 추정된다. 용장사에는 고려시대 조성된 것으로 보이는 약사여래삼존불좌상(전라남도 유형문화재 제17호)이 있다. 그러나 훼손된 부분을 시멘트로 보수하여서 원형을 많이 잃어버렸다.

용장사에 들렀을 때 밀짚모자를 쓴 비구니 스님이 잡초를 뽑고 있었다. 어디에서 왔느냐고 물어서 사찰 순례 중이라고 대답했다. 사찰 안내 표지판이 보이지 않아서 어디 있느냐고 물었더니, 지난 태풍에 망가져서 보수하기 위해 군청 문화관광과에서 가져갔다 한다. 사찰 연혁에 대해 좀 알려달라며 수첩을 꺼내 취재하는 태도를 보였다. 그랬더니 '조사 나왔느냐?'며 언짢은 표정을 지었다. 절에 왔으면 부처님께 예를 먼저 올리고 나중에 일을 보는 게 맞지 않느냐며 퉁명스럽게 대꾸하고 획 돌아서서 가버린다.

사찰에 대한 설명을 먼저 듣고 절을 둘러보면 더 잘 이해할 수 있을 것이라는 단순한 생각이 잘못되었음을 그제야 깨달았다. 순간 순례자라는 생각도 잊었다. 순례자의 태도가 어떠해야 하는지 잘 타일러 주는 사건이었다. 답사를 다니며 조사할 때 무조건 수첩을 꺼내 메모하는 연구자의 습관이 무의식중에 나온 것이다. 나로서는 아무렇지 않을지 몰라도 스님에게는 당황스러운 상황이었을 수 있다. 부처님을 모시는 일이 일상사인 스님과 답사하고 그것을 정리해서 글 쓰고 가르치는 일이 직업인 내 생각의 차이가 빚어낸 불상사였다.

세상을 살아가는 태도와 방법, 목적은 저마다 다를 수 있다. 서로 다름을 인정하고 상대의 입장을 고려하면 갈등이 없을 터이다. 그러나 자기 생각과 안목만으로 판단하고 행동하면 갈등은 필연적으로 일어나기 마련이다. 자기 마음에 들지 않게 되면 상대를 부정하고 미워하게 된다. 미움은 분노가 되기도 하고 저주가 되기도 해서 결국 자기의 지옥에 갇혀버린다. 자기만의 감옥에 갇히면 낙원과는 먼 세상이 되고 만다. 한 생각 돌이키면 이 세상이 극락이라는 이치를 부처님은 깨우쳐 준다.

007

진도 첨찰산

쌍 / 계 / 사 /

쌍계사를 품고 있는 첨찰산은 천연기념물 제107호인 상록수림이 절을 감싸고 있다. 이 숲을 이루는 수종은 동백나무, 후박나무 같은 사철 푸른 넓은 잎 상록성 나무들과 졸참나무·자귀나무 같은 낙엽성 나무들이 섞여 숲을 이루고 있다. 여기에 다시 상록성 덩굴식물인 마삭줄·멀꿀·모람 등이 엉키어 있다. 특히 이곳 의신면 일대 상록수림에는 다양한 식물들이 자라고 있어서 학술연구의 중요한 가치를 지니고 있다. 우리나라에서 상록수림이 분포하는 지역은 제주도를 비롯한 남쪽의 섬들과 전라남도, 경상남도의 바닷가 대부분을 차지하나 안타까운 것은 점차 이들 상록수림이 파괴되어가고 있다는 사실이다.

위에 소개한 글은 절 입구에 세운 안내표지판에 적힌 글을 요약한 내용이다. 산골에서 태어난 나는 웬만한 나무 이름을 알고 있는데, 여기 나

열한 나무들은 몇 개 빼고 처음 듣는 이름이 많다. 큰 절에 들어가는 산문은 대개 소나무·전나무·구상나무·은행나무 등 수령이 많은 나무가 터널을 이룬다. 이곳 쌍계사 입구도 길 양옆으로 나무들이 숲을 이루어 마음을 포근하게 감싸 안아준다.

첨찰산 자락에 있는 쌍계사는 진도에서 가장 오래된 전통사찰이다. 대흥사의 말사로 신라 문성왕 857년(문성왕 19년)에 도선 국사가 창건했다고 한다. 또 1648년(인조 26년)에 창건되었다고 하는

쌍계사 산신벽화(벽째로 성보전에 옮겨 보존)

데 아마도 중창을 말하는 듯하다. 그 뒤로 시왕전 등 여러 차례 중건된 기록이 있다.

그 밖의 성보문화재로는 종각의 범종과 부도 2기와 기념비가 있다.

대웅전(전라남도 유형문화재 제121호)은 지붕을 수리할 때(1982년) 발견된 법당 상량문에 '강희(康熙) 36년 정축(丁丑)'이라는 글이 확인되었다. 이 기록에 따르면 조선 숙종 23년(1697년)에 중수한 것으로 밝혀졌다. 대웅전 건물은 약 1m가량의 높이로 축대를 쌓아 지었다. 건물 규모는 정면 3칸, 측면 2칸의 맞배지붕이다. 대웅전의 어간문은 빗살문, 측면

쌍계사 목조삼존불

운림산방

은 띠살문을 달았다. 측면에 띠살문을 하는 경우는 드문데 이곳은 띠살문을 달아 친근함을 준다. 대웅전에는 1686년(숙종 12년)에 주조된 범종이 있다. 석가삼존불상과 영산후불탱화 · 칠성탱화 · 신중탱화 · 산신탱화 · 독성탱화 등의 불화가 있다.

쌍계사 산문 밖에는 운림산방이 있다. 운림산방은 조선 후기 남종화의 거봉 소치(小癡) 허련(許練)의 화실 당호다. 허련은 해남으로 건너가 초의 선사에게 학문과 인격을 수양하고, 녹우당을 오고 가며 윤공재 가문의 삼대에 이르는 명화첩을 통해 그림에 대한 다양한 체법과 화법을 터득하였다.

그 후 초의 선사의 천거로 추사 김정희의 문하에 입문하여 본격적인 서화 공부를 하게 된다. 소치는 나이 42세 때 헌종대왕을 알현하고 왕 앞에서 그림을 그리는 영광을 갖기도 했다. 당대의 명사인 석파 이하응(대원군)·민영익·신관호 등과 교류하여 명망이 높았다. 50세에 진도로 낙향하여 운림산방을 짓고 불후의 명작들을 남겼다.

운림산방은 이후로 5대에 걸쳐 이백 년에 이르는 화맥을 이어오고 있는 세계적인 화실로 유명하다. 운림산방에는 소치의 후계 화가들 계보와 작품세계를 볼 수 있도록 전시하고 있다. 운림산방과 붙어 '진도역사관'이 있어 진도의 역사와 문화를 한눈에 볼 수 있다.

쌍계사 일주문 밖 삼별초공원에 진도군에서 운영하는 숙박시설이 있다. 숙박시설을 이용하려면 예약해야 한다.

008

해남 보타산

도
장
사

성지순례를 시작하며 목포 유달산 정혜원에서 진도까지 걷다가 발병
이 나서 부득이 중단할 수밖에 없었다. 진도 금골산 오층석탑·용장사·
쌍계사까지 순례를 마친 뒤 더 계속하지 못하고 일시 귀가하기로 했다.

발가락 상처가 아물어 다시 순례 길에 나서 도장사를 방문한 날짜는
2019년 12월 2일이다. 절 문에 들어서자 아직 초겨울인데도 동백꽃 두어
송이가 막 꽃망울을 터뜨렸다. 진도 쌍계사에서 도장사까지 29km나 된
다. 그러므로 쌍계사 산문 밖 진도군에서 운영하는 삼별초공원에서 숙
박하는 것이 좋다. 쌍계사에서 진도대교까지도 19km이므로 하루가 걸
린다. 대교 건너기 전에 모텔과 펜션이 있다.

도장사에서 다음 순례지 은적사까지 27km나 된다. 은적사 인근에 숙
박시설이 없다. 도장사에서 8km쯤 떨어진 황산면 소재지에 모텔이 있

다. 숙소를 정한 뒤 2km 떨어진 우항리 공룡화석단지를 다녀오면 시간이 적당하다. 화석단지에는 공룡박물관과 공룡발자국 화석이 있다.

도장사는 해남 황산면 관춘리 내산마을 북동쪽 보타산에 있는 전통사찰이다. 도장사를 감싸고 있는 동백나무 숲이 이 절의 나이를 말해준다. 영암호 방조제를 막기 전에는 바닷물이 절 앞까지 들어와 경관이 뛰어났다고 한다. 지금은 간척사업을 해서 갯벌이 논밭으로 변했다. 대웅전 오른쪽 평방 위에 '補陀山聖住寺'라는 현판이 있다. 이 현판은 도장사 이전의 이름이 '성주사'였음을 말해준다. 1938년 무렵 절이 낡아서 무너졌다. 대웅전을 중수하면서 기둥은 그대로 쓰고 규모를 줄여서 지었다. 법당은 2004년 다시 중창하여 오늘의 모습을 갖추었다.

대웅전에는 목조삼존불이 모셔져 있다. 불상은 모두 허리가 굽어 있고 고개를 너무 숙여 부자연스러운 모습이다. 불상의 표정도 굳은 모습이고, 귀도 비례에 맞지 않게 커서 부조화를 이룬다. 이와 같은 불상은 조

도장사 대웅전

도장사 목조삼존불

선 후기 목조불상의 특징이다.

　이 절에는 금동불상과 관련된 이야기가 전한다. 절이 오래되고 낡아서 허물어질 위험이 있었다. 어느 날 주지스님의 꿈에 낯선 스님이 나타나 "법당에 모신 부처를 모시고 빨리 피하라."는 꿈을 꾸었다. 꿈에서 깨어 주지스님이 부처를 밖으로 모시자마자 법당이 무너졌다. 불상의 행방을 모르다가 1935년 대웅전을 중수할 때 기둥 뒤에서 금동불상을 발견했다. 그런데 그마저 도난당해 지금은 어디에 있는지 모른다.

은
적
사

은적사는 해남 마산면 장촌리 금강산(481m) 중턱에 있는 전통사찰이다. 은적사 못 미쳐 마을 아래에 저수지가 있다. 저수지 물이 맑은 것으로 보아 계곡이 깊고 오염되지 않았음을 알 수 있다.

저수지에서 조금 오르면 집이 몇 채 있는 마을이 나온다. 마을에서 보면 골짜기가 커 보이지 않아 절이 있을 것 같지 않다. 마을 사람에게 물으니 500m 더 들어가면 은적사가 있다고 일러준다. 골짜기로 접어들자 비로소 시야가 확 트이며 넓은 분지가 나온다. 금강산 북쪽 기슭에 자리한 은적사는 절 입구에 아름드리 비자나무 숲이 있다. 절이 오래되었음을 증명하는 징표이다. 절 주변으로 동백나무 상록수림과 단풍나무, 참나무 등 활엽수가 어우러져 울창한 숲을 이룬다. 절이 자리한 은적골은 아늑하고 아름다워 해남 팔경의 하나로 '은적사의 저녁 종소리(隱蹟寺

은적사 삼층석탑

暮鐘)'를 꼽는다.

원래 아랫마을에 다보사라는 큰 절이 있었다. 다보사에 속한 작은 은적암이 지금의 은적사가 되었다. 아랫마을에 있었을 것으로 보이는 다보사는 빈터의 규모로 보아 큰 절이었음을 짐작하게 한다. 다보사는 신라 진흥왕 21년(560년)에 창건되었다고 하나 문헌 기록은 없다. 임진왜란 때 왜군이 가는 곳마다 약탈하고 방화해서 많은 사찰이 폐허가 되었다. 다보사도 이때 화를 입어 폐사되었다. 그 뒤 절이 중창되어《동국여지승람》과《범우고》에 그 이름이 보이므로 적어도 19세기 중반까지는 존재했다고 볼 수 있다. 〈은적암약사전중건기〉에 따르면 은적사는 여러 차례 걸쳐서 중창 불사가 이루어졌다.

은적사에서 가장 오래된 전각은 약사전이다. 약사전은 앞면 3칸, 옆면 2칸의 팔작지붕에 주심포계 익공 구조로 된 작은 전각이다. 규모는 작

남해안 108 성지순례

으나 아담하고 예쁜 건물이다. 지금은 단청해서 겉으로 보기는 오래되어 보이지 않지만 안으로 들어가 천정과 마루를 보면 나이를 먹은 건물이라는 생각이 든다.

은적사에는 잘생긴 철조비로자나불좌상(전라남도 유형문화재 제86호)이 있다. 법의의 형태나 두 팔에 걸쳐진 옷주름 등으로 볼 때 연대가 밝혀진 철원 도피안사 비로자나불(865년), 장흥 보림사 철불(858년)과 닮은 점이 많다. 그러나 두 절의 철불보다 은적사 비로자나불이 더 원만한 상호를 가지고 있어서 작품 완성도가 높다.

얼굴은 약간 볼륨이 있고 눈은 길고 코는 작게 표현하여 단정하면서도 다소 근엄한 인상을 준다. 목은 세 개의 주름이 뚜렷하며 귀는 길게 늘어져 있다. 둥근 양 어깨에 두른 옷은 계단식의 옷 주름으로 표현하여 기하학적으로 추상화된 느낌을 준다. 이러한 기법은 통일신라 이후 고려시대까지 그 맥이 계승된 기법이다. 특이한 점은 비로자나불의 수인이 오른손 검지를 왼손이 감싸 쥐고 있는데, 일반적인 비로자나불의 수인 모양과는 반대로 되어 있다.

이 철불은 몸체 아랫부분 무릎 부위가 파손되어 나무를 깎아서 보수한 상태다. 임진란 때 왜군이 철불을 일본으로 가져가려고 포구까지 운반해 배에 실었으나 배가 움직이지 않았다. 그대로 방치하여 바닷물에 하반신이 녹슬어 소실된 것이다. 전란이 끝난 후 사람들이 불상을 옮기려 하자 역시 움직이지 않았다. 은적사 스님이 와서 공양드리고 "부처님, 이제 은적사로 돌아가시지요." 하니까 움직였다는 이야기가 전해온다.

은적사 약사전 앞에는 신라 말, 고려 초기 탑 양식의 삼층석탑이 있다.

은적사 철조비로자나불

기단과 탑신부에 조각한 흔적이 있으나 마모되어 알아볼 수 없을 정도로 풍화되었다. 삼층 옥개석과 상륜부를 보수하여 탑 모양을 갖추기는 했어도 원형은 아니다. 이 삼층탑은 원래 아랫마을 민가 마당에 있었다. 임진왜란 때 왜군이 다보사를 불 질러 폐사될 때 다행히 화마를 면했으나 절을 다시 복원하지 못한 채 오랜 세월이 흘렀다. 다보사의 부속 암자였던 은적암 터에 은적사가 세워지면서 민가 마당에 버려져 있던 탑을 신도가 기증하여 약사전 앞으로 이전하였다.

탑의 상태로 보아 오래된 탑인 것을 한눈에 알아보겠다. 그런데 탑에 대한 안내 표지판이 없어서 주지스님을 찾아 물었다. 탑에 관심을 보이자 스님이 무슨 일을 하느냐고 물었다. 명함을 주자 문화재위원임을 알고 이야기를 꺼냈다. 철불을 국가문화재로 등록하고 싶다면서 방법을 알려달라고 바짝 관심을 보인다. 알고 보니 하반신 무릎을 보수하여 원형을 잃었기 때문에 문화재 등록이 되지 않은 것이었다. 앞서 용장사 약사여래삼존불이나 이 비로자나철불이 문화재 지정을 못 받은 이유는 보수하며 원형을 손상한 까닭이다.

은적사에서 대흥사로 가기 위해 저수지 못미처 왼쪽으로 아침재를 넘어가면 지름길로 갈 수 있다. 5km가량 숲길을 따라 가면 해남읍이 나온다. 숲이 우거진 산길은 사람의 왕래가 없어서 호젓하다. 길의 가장자리에 짐승 발자국이 있어서 보니 멧돼지 발자국이다. 풀뿌리를 캐 먹으려고 파헤쳐 채 마르지 않은 걸 보니 방금 멧돼지들이 지나간 모양이다. 돌연 멧돼지가 튀어나와 공격할지 모른다는 오싹함이 등줄기를 스친다. 그래서 옛날 스님들은 석장에 방울을 달아 그 소리에 짐승들이 도망가도록 했다. 다음 절에 가면 꼭 방울을 사서 배낭에 달아야겠다.

《삼국유사》〈양지석장〉조에 보면 방울을 매단 양지 스님의 석장이 저 혼자 다니며 방울(鈴)을 울려(動) 시주를 받아왔다고 하였다. 옛날 스님들은 집집마다 다니며 방울을 흔들고 염불하여 시주를 받아왔다. '동냥'은 '동령(動鈴)'에서 온 말이다. 스님이 시주를 얻어오는 일을 동냥이라고 했는데, 뒤에 거지들이 집집마다 다니며 구걸하는 행위를 동냥이라 했다. 시주라는 '동냥'의 의미가 '걸식'이라는 의미로 전이되어 쓰이게 된 것이다.

010

해남 두륜산

대흥사

대흥사를 품은 두륜산은 대둔산이라 부르기도 했기 때문에 원래 절 이름은 대둔사였다. 대흥사로 들어서는 산문에는 '頭崙山大芚寺'라는 현판 아래 '대흥사 옛 이름 대둔사'라고 작은 글씨로 쓰여 있다.

임진왜란 때 승병을 일으켜 조국을 구한 서산 대사가 대흥사를 일컬어, '전쟁을 비롯한 삼재가 미치지 못할 곳이며 만 년 동안 훼손되지 않을 땅'이라 하였다. 대흥사는 한국불교의 종통이 이어지는 도량이다. 제1대 종사 풍담 스님으로부터 초의 스님에 이르기까지 열세 분의 대종사가 배출되었다. 대종사 가운데 한 분인 초의 선사로 인해 대흥사는 우리나라 차 문화의 성지로 자리매김하게 되었다.

넓은 산간 분지에 있는 대흥사는 여덟 개의 연꽃잎 봉우리로 둘러싸여 있다. 경내는 크게 북원(대웅전 · 명부전 · 응진전 · 산신각 · 침계루 · 백설당·대향각·청운당·선열당), 남원(천불전·용화당·봉향각·가허루·세심당·정묵당·정진당,·백설당·심검당)으로 나뉘어 전각 등이 자리하고 있다. 남원 뒤쪽으로 멀리 떨어져서 서산 대사 사당인 표충사와 대광명전 구역이 있다.

대흥사의 산내 암자는 북미륵암·일지암·진불암·남미륵암·상원암·관음암·청신암·백화암·도솔암·심적암·만일암 등 모두 열두 암자가 있다. 대흥사에 있는 문화재는 북미륵암 마애여래좌상(국보 제308호), 서산대사행초정선사가록(보물 제1667호), 탑산사 동종(보물 제88호), 북미륵암 삼층석탑(보물 제301호), 응진당 앞 삼층석탑(보물 제320호), 금동관음보살좌상(보물 제1547호)과 영산회괘불탱(보물 제1552호), 천불상(유형문화재 제52호)이 있다.

표충사(정조어필)

대흥사 연리지

국보나 보물 지정이 안 된 전각과 탑, 정조의 어필 '表忠祠', 추사의 '無量壽殿' 등 현판 글씨도 문화재적 가치를 지니고 있다. 천불전(보물 제1807호)은 화재로 소실된 것을 1813년에 다시 지었다. 천불전에는 목조 비로자나불 좌우로 문수보살과 보현보살이 협시하고 있다. 높이 25cm 안팎의 천불은 1817년(순조 17년) 경주옥돌로 조성하고 회칠을 하였다.

천불을 조성한 현정 스님의 〈일본표해록〉에 따르면 경주에서 천불을 배로 싣고 오던 중 풍랑을 만나 일본에 도착하게 되었다. 일본에서는 이 천불을 모시려고 했다. 그런데 꿈에 천불이 나타나 우리는 조선 해남의 대둔사로 가던 중이니 돌려보내 달라고 하여, 대흥사로 돌아왔다는 영험담이 있다.

천불전에서 나와 오른쪽으로 가면 커다란 느티나무가 있다. 이 나무를 잘 살펴보면 뿌리가 하나로 얽힌 연리지(連理枝)임을 알 수 있다. 두 그루 나무는 화목한 부부나 남녀 사이를 상징한다고 말한다. 그래서 연인들이 이곳에서 기도하면 반드시 부부가 된다는 속설이 있다.

대웅보전은 1612년에 조성한 전각이다. 화재로 소실된 것을 1899년에 중수한 것으로 보인다. 중수한 내용이 매천 황현의 〈중수모연문〉을 통해서 확인된다.

대흥사 삼층석탑(보물 제320호)

아아, 보배로운 불전이 무너져 보답할 길 없는 부처님의 은혜를 생각할 때마다 절로 한탄합니다. 부처님을 보호하고 지킬 수 없다면 세간이나 출세간에 피안을 바라는 중생들이 어디에서 도솔천을 우러러 예경하겠습니까. 이에 흙을 쌓고 모래를 모아 불사를 조성하는 큰 발원을 합니다.

일본의 침략에 분을 이기지 못해 식음을 끊고 순절한 대 유학자 매천이 불가의 법당 중수에 모연문을 지었다. 학문과 사상을 초월해서 넘나든 대학자의 열린 마음을 보게 된다.

대흥사에는 다른 절에서 볼 수 없는 독특한 무형유산인 '서산대사향례'가 있다. 임진왜란이 끝나고 이백 년 가까이 지난 1788년 정조대왕은 서산 대사의 구국공훈을 기리고자 '表忠善祀(표충선사)'라는 교지를 내렸다. 그리고 봄가을에 제수와 축문을 보내 국가 제향을 봉행하게 하였다. 이 제사는 유일하게 불교와 유교식 제사가 혼합된 제사 형식이다. 서산 대사에게 내린 교지와 금란가사·옥발우·신발 등은 대흥사 성보박물관에 있다.

대흥사뿐 아니라 묘향산 보현사에도 왕이 서산 대사를 모시는 사액사당 수충사(酬忠祠)를 세우게 하였다. 통일이 되어 남쪽의 대흥사와 북쪽의 묘향산에서 봄가을로 나누어 합동제향을 지낸다면 나라를 위해 목숨을 바친 순국선열들이 정말 기뻐할 것이다. 대흥사에는 다른 절에서 흔히 보는 사천왕이 없다. 사천왕이 없는 까닭은 임진왜란 때 나라를 지킨 서산·사명·뇌묵 스님이 부처님을 수호하고 있기 때문이라 한다.

대흥사 성보박물관에는 태극 문양이 새겨진 범종이 있다. 이 또한 일본과 관련이 있다. 범종에 새겨진 태극 문양을 보고 있으면 일제 강점기에 얼마나 조국의 광복을 염원했는지 실감이 나게 한다. 태극 문양 범종을 쳐서 악마의 항복을 받고자 한 선조들의 간절함이 지금도 가슴에 울려온다.

대흥사로 들어가는 입구에는 담장을 둘러친 부도전이 있다. 부도전에는 팔십여 기의 부도와 부도비가 있다. 그 가운데서도 서산 대사 부도는 최고의 조형미를 자랑한다. 형태는 팔각 원당형이며 하대는 연화좌대이다. 중대는 네 마리 사자가 연화좌를 받치고 있다. 탑신에는 '청허당'이라는 당호를 새겼다. 상륜부는 용이 휘감은 보주가 있다.

011

해남 두륜산 대흥사

일
지
암

대흥사에서 약 1km 가량 등산로를 올라가면 일지암이 있다. 일지암은 조선 후기 초의 선사가 머물며 차밭을 일구고, 차에 대한 역사와 사상을 정리한 〈동다송〉과 〈다신전〉을 지은 다원이다. 초의 선사는 39세 때인 1824년(순조 24년)에 수도하기 위해 암자를 짓고, 이곳에서 선다일여(禪茶一如)의 사상으로 수행한 유서 깊은 암자다. 초의 선사가 열반에 들자 일지암은 폐허가 되었다.

일지암 터는 40여 년 전에 응송 스님과 낭월 스님이 그 터를 확인하여 그곳에 건물을 중건하였다. 일지암 터에는 옛 정취가 그대로 살아 숨쉬는 차나무와 차를 음미했던 다정(茶亭)이 있다. 다정 뒤로 바위틈에서 솟는 다천(茶泉), 물을 대롱으로 연결하여 받는 돌확·다조(茶竈, 돌도마), 그리고 연못과 좌선석 등을 옛 모습대로 복원하였다.

초의 선사가 기거한 초정

  '일지암' 편액이 붙어 있는 초정(草亭)은 1980년 '한국다인회' 회원들이
다도의 중흥조 초의가 기거했던 일지암을 기념하기 위해 복원하였다. 이
초가는 초의 선사가 기거하던 집이었다. 가운데에 방 한 칸을 두고 사면
에 툇마루를 두른 4평 규모의 띠집이다. 그리고 일지암 본당에 잇대어 지
은 누정은 연못에 평석을 쌓아 올린 4개의 돌기둥이 누마루를 받치게 하
여 독특한 운치를 자아낸다.

  초의 선사는 이곳에서 다산 정약용, 추사 김정희 같은 유교의 석학들
과 교류하며 쇠퇴해 가는 차 문화 중흥을 이루었다. 당시 대흥사 가까이
강진에는 다산 정약용, 제주에는 추사 김정희가 유배되어 살고 있었다.
이런 환경에서 19세기 초 대흥사를 중심으로 우리의 다도는 다시 한 번
중흥을 이루게 된다.

  내가 일지암에 들른 2019년 12월 4일에 일지암은 보수 중이어서 안을

본당에 잇대어 지은 누정

볼 수 없었다. 산길을 오르는데 지팡이가 필
요해 길가에 쓰러진 나무 작대기를 주워서 짚
고 왔다. 그런데 공사 중인 쓰레기 더미에 버
려진 지팡이가 하나 눈에 들어왔다. 지팡이에
새겨진 붉은 꽃무늬가 처음엔 눈에 거슬렸으
나 북미륵암까지 가파른 산길, 험한 너덜 길을
가는데 정말 요긴하게 다리를 보호해 주었다.
어쩌면 초의 선사가 보내준 지팡이일지 모른
다는 인연을 생각하여 순례 길 내내 지니고 다
닐 생각이다.

지팡이

| 012 |

해남 두륜산 대흥사

북
미
륵
암

　등산 안내도에는 대흥사에서 일지암까지 1km, 일지암에서 북미륵암이 600m, 북미륵암에서 오소재 넘어 약수터까지 약 두 시간 반 정도 걸린다고 되어 있다. 일지암에서 북미륵암까지 가는 길은 곧바로 너덜 바위 산길을 따라가는 방법이 있으나 길이 험하고 둘러 가는 길이다. 그러므로 일지암에서 500m가량 다시 내려와 삼거리에서 북미륵암으로 오르는 것이 좋다.

　첫 순례 때는 너덜 길을 걸었으나 두 번째 왔을 때는 등산객이 일러주어서 아랫길을 택했다. 이 길은 넓고 잘 닦여 있어서 안전하고 편한 길이다. 북미륵암은 만일암의 북쪽에 있으므로 북미륵암, 줄여서 북암이라부른다. 북암에는 용화전, 요사 등의 건물과 삼층석탑(보물 제301호)이

있다. 용화전은 마애여래좌상(국
보 제308호)에 예불을 올리기 위
해 지은 전각이다. 북암 마애여래
좌상은 신라 하대(850~932년) 무
렵 조성한 것으로 추정된다. 마애
여래좌상은 도상과 조각 수법이
한국 불교 조각의 최성기인 8세
기 양식을 계승한 뛰어난 작품이
다. 오랫동안 사람들이 미륵으로
불러온 이 마애불은 서남 해안을
바라보고 있다. 마애불 뒤쪽 삼층
석탑은 전체 높이가 4.35m로 신라
시대 석탑 형식을 따라 고려 초기
에 만든 탑으로 본다. 탑의 각 부

북미륵암 삼층석탑(보물 제301호)

분은 간략하게 처리하고, 기단부는 긴 돌을 짜 맞추어서 전체적으로 안
정감을 준다.

이 마애불은 좌우상하 사방으로 공양상과 비천상을 배치한 점이 특징
이다. 공양상의 자연스러운 자세와 지물은 뛰어난 양감과 조형미를 갖
추고 있다. 본존의 상호는 후덕하고 원만한 모습이며, 형형한 눈매는 근
엄하고 위의가 넘친다. 두툼한 입술과 볼은 자애로움이 가득하다. 천년
을 넘겼는데도 풍화가 많이 이루어지지 않아서 조각의 음양감이 뚜렷하
며 전체적으로 조형미가 뛰어나다. 볼수록 신앙심을 불러일으키는 편안

한 느낌을 주는 걸작 예술품이다.

마애불 앞에 지은 용화전은 마애불에게 예불하는 공간인데, 마애불이 있는 쪽은 적멸보궁처럼 벽을 설치하지 않고 직접 보며 예불할 수 있도록 공간을 터놓았다. 마애불이 비바람을 맞아 풍화와 마모가 심해서 2020년 12월 초 마애불 상부에 설치한 비닐하우스를 철거하고 아예 마애불 머리 위까지 용화전을 확장하는 공사를 벌이고 있었다. 겨울바람을 가르고 북암에 도착했을 때 공사가 한창이었다. 마애불을 가림막으로 가려서 친견할 수 없고, 용화전 입구에 걸어둔 확대한 사진만 볼 수 있어서 안타까웠다.

《미륵하생경》에 보면, 다음 세상에 태어나는 미륵부처는 지금 도솔천에 계시며, 56억 8천만 년 뒤에 하생하여 용화세계를 펼친다고 한다. 용화세계에 태어나려면 미륵불이 세 번에 걸쳐 용화수 아래서 용화법회를

북미륵암 미륵불

남해안 108 성지순례

열 때 참석하는 인연을 가져야 한다. 오늘 미륵불이 모습을 감추고 보여 주지 않는 것은 내게 용화세계를 약속하지 않음이라는 생각이 든다. 내 공덕이 모자라고 업장이 두터워서일까 생각하며, 참회하는 마음으로 돌아 설 수밖에 없었다.

2021년 5월 3일에 다시 방문하였을 때, 용화전이 완성되어 마애불이 용화전 안으로 들어와 있었다. 다시 방문하여 온전히 마애불을 친견하니 가슴 속에서 환희심이 솟았다. 마애불을 비로소 처음 친견했으니 앞으로 두 번 더 친견 기회를 맞아야 미륵 세상에 태어날 것이라는 생각을 하며 돌아섰다.

대흥사에서 북미륵암을 거쳐 태영사를 가려면 거리가 멀기 때문에 아침 일찍 출발하는 게 좋다. 대흥사에서 숙박할 경우 미리 전날 대흥사를 둘러보는 것이 좋다. 대흥사는 유물이 많으므로 둘러보는 시간도 넉넉히 잡아야 한다. 대흥사에는 열두 암자가 있으므로 템플스테이를 하면서 암자를 순례하는 것도 좋을 것이다.

해남 천태산

태
영
사

　대흥사와 일지암, 북미륵암을 참배하고 오심재 고개를 넘어 오소재 약수터에 도착하니 해가 어느덧 서산마루에 걸렸다. 약수터에서 태영사까지 가는데도 12km나 된다.

　대둔산 등산코스를 안내하는 지도에는 대흥사에서 일지암-북암-오심재-오소재 약수터까지 걸리는 시간이 등산객은 1시간 40분, 일반인은 2시간 10분으로 기록되어 있다. 그런데 대흥사를 둘러보고 일지암과 북미륵암을 거쳐 사진 찍는 시간이 더해져서 3시간 반이나 훌쩍 흘렀다. 오소재 약수터는 등산로를 다 내려와 평지에 있다. 약수를 받으러 오는 차들이 끊임없이 들어온다. 직경이 3cm쯤 되는 관에서 약수가 콸콸 쏟아져 나와 금방 약수통을 채운다.

　태영사는 북평면 남창리 신기마을 뒷산 천태산에 있는 대흥사의 말사

다. 절 뒤로 일곱 개의 바위가 병풍처럼 둘러있다. 그래서 창건 당시(명종 7년, 1552년) 절 이름을 칠성암이라 불렀다. 이 절은 원래 이곳 남창항의 주민들이 출항 시에 해난방지를 위해 정월 대보름에 칠성기도와 제사를 지내려고 칠성각을 세웠다고 한다. 이때의 칠성각이 칠성암으로 이름을 고쳤다는 유래담으로 보면 토착신앙과 연관성이 깊다.

태영사는 천태산 정상 아랫부분의 아늑한 곳에 자리 잡고 있다. 앞쪽으로는 남창항과 완도가 한눈에 내려다보인다. 멀리 대둔산도 보일 정도로 전망이 매우 좋다. 그러나 바다로부터 불어오는 강한 바람을 막아줄 산과 방풍림이 없이 드러나 있어서 1985년 7월 태풍으로 건물이 붕괴되었다. 1989년 인근 남창항 일대 주민들이 뜻을 모아 절을 다시 지어 오늘에 이르고 있다.

태영사는 임진왜란 때 폐허가 되었다. 어느 해인지 확실한 연대는 알
수 없지만 경술년에 붕명 스님이 제자 도문 스님과 함께 중창했다고 한
다. 1971년 춘담 스님이 법당과 관월당을 새로 짓고 범종을 조성했다.
1976년 현재의 이름인 태영사로 이름을 고쳤다. 태영사의 건물로는 대
웅전과 요사가 있다. 대웅전은 경사가 급한 산자락에 축대를 쌓아서 지
었다. 절로 들어가는 입구는 108계단을 오르게 되어 있다. 그런데 지금
은 주차장에서 우회도로를 만들어 자동차가 절 마당까지 바로 올라온다.
108 계단은 다니는 사람이 없으니 무너지고 잡초만 무성하다.

대웅전 규모는 정면 3칸, 측면 2칸의 팔작지붕 건물이다. 법당에는 삼
존불이 봉안되어 있다. 탱화는 영산회상도 · 칠성탱화 · 산신탱화 · 신
중탱화가 있다. 바깥벽에 용왕도 벽화가 있다. 요사는 정면 3칸, 측면 2
칸의 맞배지붕 건물로 선방을 겸한다. 대웅전과 요사 사이에는 1993년

조성한 해수관음상이 있다. 경내에 1989년에 세운 중수비와 1991년에 세운 108 계단 회향비가 있다.

2020년 12월 초에 처음 방문했을 때 108 계단은 무너지고 잡초가 무성해서 폐사로 들어가는 기분이었다. 절 마당도 정돈되지 않고 단청은 색이 바래서 더 쓸쓸한 느낌을 주었다. 다만 해수관음상 앞에 포장을 풀어 헤친 종이 상자들이 있어서 빈 절은 아니라고 생각했다. 바나나·사과·배·떡이 있는 것으로 보아 기제사나 49재를 위한 준비로 보였다.

태영사를 두 번째 찾은 것은 이듬해 부처님오신날을 앞둔 5월 초였다. 그런데 절의 분위기가 작년과 확연히 달라 보인다. 작년 겨울 방문했을 때 절에는 인기척도 없었는데, 이번에는 주지스님이 반갑게 맞아준다. 마당에 나 있던 잡초도 보이지 않는다. 나무들도 봄을 맞아 생기가 돌고 푸른 잎들이 싱그럽다. 어찌 된 연유인지 물으니 주지스님이 새로 부임했다고 한다. 스님의 말속에서 절의 부흥을 위해 백방으로 힘쓰고 있음을 느꼈다. 사람이 바뀌면 환경도 바뀌고, 환경이 바뀌듯 세상도 바꿀 수 있으리라. 스님이 질병을 막는 나무라며 대문밖에 심으라고 작은 묘목을 하나 주었는데 이름을 잊어버렸다.

북미륵암에서 태영사까지는 거리가 멀어 중간에 숙박하는 것도 고려해야 한다. 오소재 약수터에서 해남읍 쪽으로 600m 내려오면 민박집이 있다.

| 014 |

해남 달마산

미
황
사

　땅끝 마을 아름다운 절 미황사. 사람들이 미황사를 방문하고 싶어 하는 매력은 어디에 있을까? 미황사 템플스테이는 사람들의 입에 오르내릴 정도로 유명해 전국에서 몰려올 뿐만 아니라, 외국까지 알려져 해마다 많은 외국인이 찾아온다.

　미황사에서 가장 앞에 내세울 수 있는 콘텐츠는 템플스테이다. 20여 년 전까지만 해도 미황사는 황폐한 채로 버려져 있었는데, 금강 스님이 주지로 오면서 템플스테이를 통해서 미황사가 세상 밖으로 알려지기 시작했다.

　템플스테이는 2002년 월드컵 때 외국 선수들에게 사찰체험 프로그램을 제공하기 위함이었는데 뜻밖에 호응이 좋았다. 주지스님은 이 점에 착안하여 2005년부터 참선, 묵언정진, 오후불식, 법문, 수행문답, 다도,

마음수행 등 독자적인 프로그램을 개발하였다. 프로그램도 다양하게 나누어 개인의 형편에 따라 선택하도록 안내한다.

그중에서도 지역 신도들의 신뢰를 얻은 프로그램은 여름과 겨울 방학 기간 중 어린이를 위해 여는 한문학당(7박 8일, 4~6학년)이다. 절에서 버스를 내어 인근 마을 아이들을 모아 공부를 가르쳐주니 부모들은 고마움을 느끼고 절에 대한 믿음이 두터워질 수밖에 없다. 아이들도 자연히 불교를 가까이하게 되고 성인이 되더라도 기억에서 잊히지 않을 것이다.

미황사가 내세우는 큰 문화행사는 괘불재와 음악회다. 괘불재는 수륙재·영산재·예수재처럼 큰 의식과 행사를 치를 때 괘불을 이운해서 내거는 의식이다. 미황사 괘불재(매년 10월 넷째 토요일)는 창의적인 내용으로 구성하고 있다. 괘불재의 가장 큰 특징은 '만물공양'이다. 만물

미황사 대웅전(국보 제947호)

공양은 만 가지(많은)의 공양물을 부처님께 공양 올리는 의식이다. 한 해 동안 각자 거둔 성과와 결과물을 부처님께 공양 올리며 스스로를 격려한다. 쌀·콩·깨·졸업장·합격증·열심히 읽은 책·학위증·손수 만든 물건·출간한 책·수놓은 다포·그림·연주곡 등 무엇이든 공양물이 된다.

공양을 올리며 적어내는 사연은 듣는 이로 하여금 공감을 불러일으킨다. 신도들이 공양물을 올리며 적어낸 소원지를 하나도 빠뜨림 없이 일일이 읽는다. "큰아들 이번 과장 승진했는데 감사합니다.", "병석에 누운 시할머니 빨리 낫게 해주세요.", "교회 나가는 작은 며느리 절에 나오게 해주세요.", "지난번 아버지 어머니께 불효한 것 용서해 주세요." 등 소원·축하·반성을 담은 글들이 때론 가슴 뭉클하게, 때론 박장대소를 자아내는 마당이 펼쳐진다. 괘불재에 이어서 밤이 되면 저녁예불을 마치고 음악회가 열린다. 여기 등장하는 음악인들은 대부분 재능 기부이며, 악기연주·판소리·합창·풍물굿·강강술래·발원으로 구성된다.

세상에는 널리 알려지지 않은 문화재 가운데 미황사 당제는 오랜 역사를 지닌 소중한 문화유산이다. 당제는 옛날 거의 마을마다 지냈다. 그러나 지금은 대부분 사라져서 찾기 힘들다. 이곳 미황사는 정월 보름에 사하촌 마을 서정리와 2개 섬에서 해마다 당제를 지낸다.

미황사 당제의 특징은 스님이 제를 지내는 제주라는 점이다. 마을에서 1년 동안 부정 타지 않은 사람을 제주로 선정하는 여느 마을과 다르다. 마을 사람들이 쌀을 가지고 미황사에 와서 음식을 장만하고 부처님께 먼저 공양을 올린다. 그리고 음식을 가지고 당에 내려와서 당제를 지낸다. 스님이 염불하고 집집마다 이름을 적은 소지 올리기를 한다. 이어 마을 청년들로 구성된 군고패(미황사군고단)가 스님들 뒤를 따르며 풍물을 친다. 삼거리 오거리에 짚불을 놓고 스님의 염불과 축원이 끝나면 한바탕 굿 놀이를 펼친다.

미황사는 천년 고찰이다. 사적비에는 신라 경덕왕 8년(749년)에 창건하였다고 기록되어 있다. 창건 설화에는 우전국(인도에 있던 나라)의 왕이 경전과 불상을 가득 실은 배를 보냈다고 한다.

미황사는 천년 고찰인 만큼 많은 문화재를 보유하고 있다. 대웅보전(보물 제947호)은 단청하지 않은 백골집이고, 삼존불(전라남도 유형문화재 제323호)은 석가모니불 좌우로 아미타불과 약사여래불이 모셔져 있다. 천정과 대들보에는 산스크리트어와 천불이 그려져 있다. 천불은 한 번 절하면 천 번 절한 것과 마찬가지 공덕을 짓는 것이므로 여기서 예불하면 한 가지 소원은 꼭 들어준다는 전설이 있다. 대웅전은 창건 설화에 나오는 배를 상징하기도 하고 중생이 부처님 세계로 건널 때 타고 가는 반야용선이 되기도 한다.

응진당(보물 제1183호)은 아라한과(모든 번뇌를 완전히 끊어 열반을 성취한 사람)를 얻은 십육나한상(전라남도 유형문화재 325호)을 모신 전각이다. 응진당은 대웅전과 마찬가지로 정유재란 때 왜군이 불을 질러 소실되었다가 1597년 중창하여 1751년과 2001년 중수하였다.

미황사 괘불(보물 제1342호)은 조선 영조 3년(1727년)에 제작하였다. 마을 사람들의 증언에 따르면 가뭄이 들 때 괘불을 내걸고 기우제를 지낸 뒤 달마산 정상에 올라가 불을 피우면 반드시 비를 내려주는 영험이 있다고 믿고 있다. 최근에는 1992년에도 가뭄이 극심했는데 기우제를 지내고 서너 시간 뒤에 먹구름이 몰려와 폭우가 쏟아진 사례가 있다고 주지 금강 스님이 들려준다.

명부전(전라남도 유형문화재 제324호)은 지장보살을 중심으로 좌우에 도명존자와 무독귀왕을 봉안하고 명부시왕과 동자상을 모셨다. 지장보살은 석가모니불이 입멸 후 미륵불이 하생할 때까지 중간 기간에 중생

미황사 괘불재

을 모두 제도하겠다고 서원을 세워 부처가 되기를 미룬 보살이다. 그래서 지장보살은 머리 모양이 스님 형상의 두상을 가졌다.

명부전의 10대 시왕을 조각한 사람은 '자화상'으로 유명한 공재 윤두서다. 그에게는 아들이 없어서 절 근처 은행나무를 베어 10대왕을 조성하고 마침내 10명의 아들을 두었다고 한다. 넷째 시왕은 실수로 두 눈의 크기가 다르게 조각했는데, 그의 넷째 아들도 두 눈의 크기가 달랐다는 이야기가 전한다.

미황사 부도는 다른 사찰의 부도와 달리 부도탑에 동물 문양을 새긴 특징이 있다. 대웅전 주춧돌처럼 동물 문양이 새겨져서 흥미를 자아낸다. 게와 거북(자라) · 도마뱀(도롱뇽 · 다람쥐 · 세호) · 해조류 · 귀면(용) · 문고리를 새겼다. 대웅전과 부도탑에 다른 절에서 볼 수 없는 문양, 그것도 수중 동물을 중심으로 새긴 까닭이 궁금하다. 스님은 창건 설화와 관련하여 배를 타고 불상과 경전이 왔으므로 배의 상징으로 대웅전을 지었다고 설명한다. 그런데 다른 해석도 가능하다. 절집은 화재에 취약하다. 화재를 예방하기 위해 바다 위에 집을 지은 것은 아닐까. 대웅전 주춧돌에 게 · 거북이 · 해조류를 조각하면 집이 바다 위에 떠 있는 상황이므로 화재를 막는 주술 의식의 반영일 수 있다.

015

해남 달마산

도/솔/암

달마산은 기암괴석이 공룡의 등줄기처럼 돋아서 남도의 금강산이라 불릴 만큼 아름다운 산이다. 봄에 바위틈에 핀 진달래, 여름의 짙푸른 숲, 가을의 불타는 듯 붉게 타오르는 단풍, 겨울 바위틈에 금강석처럼 박힌 눈은 가히 천하 명산이라 할만하다.

미황사에서 달마고도 따라 도솔암에 오르는 길은 초겨울 나무들이 잎을 떨구고 사이사이로 붉은 단풍이 아직도 마지막 가을의 한 자락을 잡고 있다. 길가 동백나무 숲에는 꽃망울이 수줍은 듯 잎새 뒤로 숨어 봉긋이 얼굴을 내민다. 편백나무 숲은 싱그러운 향을 내뿜어 걸음걸음이 상쾌하다. 달마고도를 따라 대나무숲과 너덜바위 길을 지나가니 가파른 깔딱 고개가 나온다. 길 양쪽으로 밧줄을 잡고 가쁜 숨을 몰아쉬며 오르니 도솔암 절벽이 눈앞을 턱 막아선다.

도솔암은 미황사를 창건한 의조 화상이 미황사 창건에 앞서 수행했던 암자다. 도솔암은 정유재란 때 명량해전에서 패배한 왜구들이 해상 퇴로가 막혀 달마산으로 퇴각하면서 불을 질러 화마를 면치 못하였다. 서산 대사가 이끄는 승병과 싸워 패한 왜군은 스님들이 머무는 사찰은 모조리 불 질러서 대부분의 사찰이 불타는 화를 입었다.

　　도솔암 빈터에는 주춧돌과 기왓장만 남아있었다. 곡성 성륜사 조실 청화 대종사가 이곳에 움막을 짓고 잠시 수행한 곳이기도 하다. 그 뒤 빈터로 남아있었는데, 2002년 오대산 월정사 법조 스님 꿈에 연속 3일간 도솔암 터가 보였다. 스님은 꿈에서 본 낯선 곳을 찾아 떠돌다가 발걸음이 도솔암 터로 이끌렸다. 바로 꿈에서 본 터였다. 그 자리에는 무너진 암자

도솔암

가 있었다. 법조 스님은 복원을 결심하였다. 법당의 규모가 작기는 하지만 한 달 만에 가파른 벼랑 끝에 목재와 자재 및 1,800여 장의 기와를 나르고 단청까지 마칠 수 있었다. 짧은 기간에 절을 지었으므로 사람들은 부처님의 가피력이 없이는 불가능한 일이라고 믿었다.

도솔암 터는 갈라진 석벽 사이로 축대를 쌓아 올려서 법당을 지었다. 좁은 터에 집을 짓다 보니 법당은 겨우 두 평 남짓이다. 아마 우리나라 암자 중에 가장 작은 암자가 아닐까? 도솔암이라는 이름은 우리가 머리 위에 이고 있는 하늘 도솔천을 생각하고 지은 이름임이 틀림없다. 가파른 암벽길을 오르며 하늘에 오르는 느낌을 가졌으니 도솔암이 딱 어울리는 이름이다.

불교의 우주관에 따르면 우리가 사는 세상의 중심은 수미산이며, 그

꼭대기에 도솔천이 있다. 우리가 사는 사바세계는 도솔천 아래에 있으니
도솔암은 우리가 사는 세상의 바로 위 하늘에 있는 세계다. 결국 도솔암
에 오르는 것은 도솔천에 오르는 것이다. 암자 이름을 도솔암이라고 지
은 까닭을 알 수 있겠다. 도솔암은 주변 경관과 법당이 들어선 자리가 너
무 잘 어우러져서 암자에 들어서는 순간 감탄이 절로 나온다.

도솔천은 미륵보살의 정토로 알려져 있다. 그곳은 모두 만족하는 세상
이므로 지족(知足)·묘족(妙足)·희족(喜足)·희락(喜樂)이라 한다. 바
로 그 도솔천이 이 땅에 시현된 것이다. 미륵불은 석가모니 부처 다음 세
상에 하생하여 정토를 이루도록 약속받은 부처다. 우리 무가에도 미륵이
도솔천에 머무르게 된 사연을 노래한 창세가가 있다.

미륵이 해달별을 비롯하여 인간 등 만물을 창조한다. 뒤늦게 석가가 나타나 이 세상을 누가 차지할 것인가 주장하다가 내기를 벌인다. 석가가 내기에서 미륵에게 계속 지자 마지막으로 모란 피우기 시합을 제안한다. 미륵과 석가는 무릎에 모란꽃을 먼저 피우는 쪽이 세상을 차지하기로 시합한다. 잠든 사이 미륵의 모란은 탐스럽게 피는데 석가의 모란은 피지 않는다. 석가가 얼른 미륵의 모란을 훔쳐 자기 꽃으로 삼았다. 결국 석가가 이 세상을 차지하고 미륵은 다음 세상을 차지하게 되었다. 석가가 거짓으로 세상을 차지했으므로 이 세상은 거짓과 도둑, 전쟁 같은 악이 판을 치는 세상이 되었다.

미륵은 부처가 되기로 약속받은 보살이며, 뒷날 비로소 부처가 되면 미륵불이라 부른다. 도솔천의 미륵보살이 미래에 중생을 제도할 것을 서원하며 생각에 잠겨 명상하는 자세가 곧, 미륵반가사유상이다.

《미륵하생경》에 보면, 미륵은 도솔천 내원궁 용화세계에 머물면서, 우리가 사는 남섬부주에 출현하여 중생을 제도할 시기를 기다리고 있다. 이때 미륵이 내려온 인간 세상은 이상적인 세상이 된다. 도솔천에 머무는 미륵이 하생하여 용화수 아래에서 도를 이룬 뒤 세 차례에 걸쳐서 용화설법을 펼친다고 한다. 그래서 미륵불을 모신 전각을 용화전, 또는 미륵전이라 부른다. 이러한 미륵하생 신앙이 민간에 퍼져서 곳곳에 미륵불을 조각하고 돌미륵을 세웠다.

백제의 무왕은 미륵 세상인 도솔천을 이 땅에 실현하기 위해서 익산에 미륵사를 세웠다. 미륵신앙은 내세가 정토라는 이상향의 세계를 그린다. 이상향에 대한 동경은 모든 종교가 추구하는 공통 요소다. 우리나라는 미륵정토가 이상향으로 일찍이 자리 잡았다. 미륵신앙이 널리 퍼지는 때는 세상이 혼탁하고 어지러워 말세론이 유행할 때다. 미륵이 나타나 구원해 주기 바라는 염원이 미륵신앙을 유행하게 한다. 전쟁으로 어지러운 때 궁예는 스스로 미륵불을 자칭하여 민중을 모았다. 구한말 어려울 때도 미륵을 내세운 미륵교, 용화교 같은 신흥 종교가 나타났다.

도솔암을 오를 때는 달마고도 4코스를 따라가다가 암자 터에서 가파른 깔딱 고개를 200m 남짓 올라야 한다. 미황사에서 도솔암까지는 약 5km, 왕복 세 시간 반 정도 걸린다.

남해안 108

섬지순례

2장

완도, 장흥, 강진, 영암의 전통 사찰 순례 길

해남 달마산 도솔암 ⇨ 36.5km ⇨ 완도 남망산 신흥사 ⇨ 8.5km ⇨ 완도 장좌리 법화사지 ⇨ 18.3km ⇨ 완도 고금도 수향사 ⇨ 22.4km ⇨ 장흥 천관산 탑산사 ⇨ 3.8km ⇨ 장흥 천관산 천관사 ⇨ 10.6km ⇨ 강진 천개산 정수사 ⇨ 21km ⇨ 강진 만덕산 백련사 ⇨ 10.9km ⇨ 강진 보은산 고성사 ⇨ 3.4km ⇨ 강진 산태봉 금곡사 ⇨ 9.2km ⇨ 강진 화암산 화방사 ⇨ 21.9km ⇨ 영암 월출산 무위사 ⇨ 2.7km ⇨ 영암 월출산 월남사지 ⇨ 4.1km ⇨ 영암 월출산 마애여래좌상 ⇨ 15.3km ⇨ 영암 월출산 도갑사 ⇨ 36.5km ⇨ 장흥 가지산 보림사

완도 남망산

신흥사

미황사에서 완도 신흥사를 가려면 달마고도 1코스를 따라 큰 바람재를 넘어가야 한다. 길은 편백나무 숲, 너덜바위 길을 지나 평탄하게 이어진다. 겨울 산길 가는데 빈손으로 떠나면 안 된다며 미황사 주지 금강 스님이 쌍화탕과 생강편을 챙겨 준다. 염려가 되어서 매점에서 약과 1팩을 더 사서 배낭에 넣고 출발했다. 스님이 달마고도 길을 알려주지 않았더라면 지도만 보고 길을 훨씬 둘러서 갈 뻔했다. "아는 길도 물어서 가라."는 속담이 이런 때를 두고 하는 말이다.

산마루에 이르렀을 때 고개 이름을 '큰바람재'라고 부른 사실을 실감했다. 재에 이르니 바람 소리가 마치 태풍이라도 몰아올 듯 사납다. 바람재를 넘으니 언제 그랬냐는 듯 바람 소리가 잦아들었다. 완만한 산길을 내려가 이진산성이 있는 이진리를 지나 완도대교에 도착했을 때는 오후 2

시가 넘었다. 산길에서 주지스님이 준 쌍화탕과 약과로 요기해서 배고
픔을 면할 수 있었다.

완도대교를 건널 때 눈에 들어오는 작은 섬과 멀리 해안선, 그리고 푸
른 바다는 걷지 않고는 맛볼 수 없는 풍광이다. 완도대교를 건너 카페에
들러 차 한 잔을 주문했다. 잠시 휴식하는데 노곤함이 밀려오며 졸음까
지 왔다. 신흥사까지 가는 도중에 휴양림이 있어서 숙박할 수 있을 것으
로 생각하고 길을 나서 걸었다. 그러나 조금 걷다가 발걸음을 돌렸다. 아
무래도 피곤하여 걷기가 힘에 부쳤다. 나중에 알았지만 휴양림은 대개
겨울에 문을 닫는다. 헛걸음 할 뻔했다. 조금 전 쉬던 카페 가까이에 모
텔이 두 개나 있었다. 신흥사까지 21km를 걸어야 하는데 가는 도중에 마
땅한 숙박시설이 없다.

신흥사는 완도읍이 한눈에 들어오는 남망산 자락에 있는 사찰이다.

대웅전에는 아미타여래상(전라남도 문화재자료 제213호)과 영산후불탱
화, 제석천룡탱화와 범종이 있다. 대웅전은 해체 보수 중이어서 아미타
여래상을 약사전으로 임시 옮겨 봉안하고 있다. 복장물 가운데 발원문
이 나왔는데, 이 불상을 약사여래로 호칭한 대목이 있다. 수인을 보면 아
미타여래가 분명하여 어찌 된 일인지 궁금하다.

　이 아미타여래상은 재료가 종이에 삼과 백회를 섞어 만든 흔치 않은 건
칠불이다. 봉안 및 개금 연대가 분명한 조선시대 중기의 작품이어서 주
목된다. 이 건칠불은 대둔산 심적암에 봉안되었다가, 초의 선사가 대광
명전으로 옮겼고, 1930년대 응송 스님이 지금의 자리로 옮겨왔다고 한
다. 1986년 주지 청파 스님이 개금하기 위해 복장물을 꺼냈는데, 사리와
발원문 등이 나왔다. 발원문(1865년)에 따르면 이 불상은 인조 6년(1628
년) 처음 봉안되고 순조 2년(1802년), 헌종 11년(1865년), 고종 2년(1865

년) 등 여러 차례 개금되었다.

절에는 대웅전·약사전·지장전·범종루·템플스테이를 위한 전각이 있다. 지장전에는 납골 항아리가 16기나 봉안되어 있다. 앞으로 사찰을 영위하는 방법의 하나로 다비장을 활용한 장례의식이나 일본처럼 납골당 또는 납골묘를 두는 데서 찾아야 할지 모른다. 문제는 인근 주민들의 반대로 화장장이나 납골당을 시설하기 어려우므로 이 문제를 해결할 대책을 찾아야 한다. 신흥사처럼 납골당을 지장전 또는 명부전과 연계하여 자연스럽게 수용할 수도 있을 것이다.

대웅전 맞은편 건물에서 계속 염불소리가 들렸다. 사시 예불 시간도 지났고, 저녁예불 시간도 아닌데 무슨 일인가 궁금해서 조용히 문을 열고 들어가 보니, 모두 한 가족인 듯 예불을 올리고 있었다. 49재 같기도 한데 불단을 보니 그렇지 않은 듯도 해서 종무소에 물어보니 기제사를 지내는 중이란다. 가정에서 제사를 지내는 일이 갈등을 불러일으키기도 하는데 사찰에서 제사를 지내는 방법도 좋아 보인다.

목조약사여래좌상(좌)

017

완도 장좌리

법
화
사
지

　법화사지(전라남도 기념물 제131호)는 완도읍 장좌리 청해진 유적지로부터 서북쪽으로 약 2㎞ 떨어진 상왕산 중턱에 있다.

　법화사는 통일신라시대에 동아시아 해상권을 제패하였던 장보고(?~846년)의 해상왕국 기지인 장도 청해진 유적과 관련이 있다. 법화사는 중국 산동성 적산촌에 있는 법화원과도 교류가 있었던 곳이다. 법화사지는 국립문화재연구소가 모두 5차에 걸쳐서 발굴조사를 하고 있다. 사지에서는 6개소의 건물터가 확인되었다. 그중 3개소는 건물의 기단이나 초석 등 유구가 잘 남아있다. 특히 승방이 있던 자리로 추정되는 건물터에서 아궁이시설 등 흥미 있는 유구가 뚜렷하게 노출되었다.

　사지에서 발굴된 유물은 당초문 암막새와 연화문 수막새가 1조로 출토되었다. 또 다른 건물지에서는 주로 고려 초, 중기의 것으로 보이는 기와 조각과 자기류·동전 1점, 10세기경까지 연대를 올려볼 수 있는 햇무리굽녹청자 밑바닥 부분 파편 1점과 기와 조각들이 출토되었다. 담장 터에서 나온 기와 조각은 12~13세기 고려시대 양식이 대부분이었으며, 통일신라시대와 임진왜란 이후인 17세기 유물도 출토되었다. 특히 중국 동전의 출토는 이 지역이 장보고가 활동하던 시대 이후에도 계속하여 한국·중국·일본을 잇는 해상교역 무대에서 주요한 위치를 차지하였음을 짐작하게 한다. 또한 고려시대의 동아시아 교섭사와 불교사, 그리고 지방사 연구에 새로운 자료를 제공하는 유적지다.

통일신라는 당나라와 무역이 활발하게 이루어졌다. 왕래가 빈번해지자 중국 산동반도와 장수성 일대에 신라인들의 집단 거주지인 신라방(新羅坊)이 생긴다. 신라방에도 신라사람들이 '신라원'이라는 사찰을 세웠다. 장보고가 산동반도 적산촌에 세운 '법화원'은 신라원 중 가장 대표

법화사지 출토 수막새연화문

적인 곳이다. 법화원은 신라인들의 신앙도량에만 머물지 않고, 본국(신라)과의 연락을 담당하던 기관 역할도 겸하고 있었다. 법화원은 신라와 일본에서 온 유학승들에게 각종 편의를 제공하기도 했다.

특히 일본의 구법 유학승들에게 많은 편의를 제공했다. 일본의 구법승 자각대사 엔닌(慈覺大師 圓仁, 794~864년)도 이곳에서 큰 혜택을 받았다고 《입당구법순례행기》에서 상세히 기록하고 있다. 이 기록에 의하면 법화원은 1년에 500석을 수확하는 전답을 기본 재산으로 삼은 큰 사찰이었다. 법화원에는 상주하는 스님만 30여 명에 달했는데, 본국의 예에 따라 매년 음력 8월 15일 한가위를 전후해 3일 동안 성대한 축제를 열었다. 또 매년 정기적으로 강경회를 열었다. 여기서 여름에는 《금광명경》을, 겨울에는 《법화경》을 강의했다. 강경회는 2개월 동안 계속됐는데 250여 명의 사부대중이 참여했다. 이 밖에도 법화원에서는 본국에서 행하는 예불을 그대로 드렸다.

법화사지

남해안 108 성지순례

장보고 동상

중국 적산 신라방에 법화원을 세운 장보고는 자신의 근거지인 제주도
와 청해진에도 법화사를 세운다. 법화사는 장보고가 죽은 후 청해진과
함께 철거되었다. 이후 고려시대에 재건하였는데 몽골과의 항쟁 과정에
서 다시 폐사된 것으로 추정되고 있다. 임진왜란 이후 다시 세워졌지만
일제 강점기에 또 폐쇄되었다.

청해진 유적지에서 내려다보이는 장도에 장보고 기념관과 장보고 동
상이 서 있다. 기념관에는 사지에서 발굴된 유물을 전시하고 있다. 유물
이 많지 않은 관계로 중국 법화원과 해상에서 이루어지는 활동을 컨텐츠
로 개발한 모형을 전시하고 있다.

018

완도 고금도

수
향
사

수향사는 완도군 고금도에 있는 작은 절이다. 수향사는 고금면 사무소에서 약 1.4km 떨어진 덕암산 기슭에 있다. 고금로를 따라서 가다가 국민체육센터를 조금 지나면 왼쪽으로 수향사를 알리는 간판이 보인다. 길을 따라 오르니 저수지가 나오고 절로 들어가는 입구 양지바른 언덕에 동백나무가 막 꽃망울을 터뜨리고 있다.

고금도는 충무공의 마지막 본영이 있던 곳으로 임진왜란 최후의 전투인 노량해전이 사실상 시작되고 끝난 곳이다. 고금도는 임진왜란, 정유재란 때 전략의 요충지로 1598년 2월 18일에 통제사 이순신 장군이 수군 본영을 설치하고 전열을 정비하여 왜적을 전멸한 기틀을 마련한 곳이다. 고금면은 충무공 이순신 장군의 영구를 83일간 봉안했던 충무사가 위치한 유서 깊은 고장이다. 충무공의 한이라도 서린 듯 월송대에는

수향사 목조관음보살좌상

아직도 풀 한 포기 자라지 않는다고 한다.

이곳은 해풍을 맞고 자란 유자와 석화·감태·매생이가 특산물이다. 정약전이《자산어보》에 "매생이로 국을 끓이면 연하고 부드러우면서도 맛이 매우 달고 향기롭다."라고 했다. 갯벌에 지주목을 세우고 발을 설치해 김을 기르는 지주식 김도 바로 이곳 고금도를 중심으로 생산되고 있다. 옛날에는 고립된 섬이었으나 지금은 3개의 연륙, 연도교(고금대교·약산대교·장보고대교) 개통으로 내륙과 교통이 잘 연결되어서 관광객들의 교통편의는 물론 지역에서 생산되는 농수축산물의 수송이 원활하다.

절 입구에 세운 입간판에 '사단법인 대한불교 포교종 총본산 수향사'라고 적혀있는 것으로 보아 개인 사찰임을 알 수 있다. 수향사는 약 20년 전쯤 이곳에 터를 잡아 역사가 오래지 않은 사찰이다. 신흥사찰을《남해안 108 성지순례》에 포함한 까닭은, 이곳에 이백 년 된 목조관음보살좌상(전라남도 유형문화재 제319호)이 있고, 다음 성지까지 거리가 멀기 때문에 중간 지점에 거쳐 갈 순례지가 필요해서다.

목조관음보살좌상은 조성 연대를 조선 후기(18세기)로 추정한다. 조각 솜씨가 세밀하고 정제되어 수준 높은 조형미를 가지고 있다. 관음보살좌상이 수향사로 오기 전에는 광주 장안사에 있었다. 장안사의 주지스님이 입적하고 절이 폐사되자 현재 주지스님이 이곳으로 모시고 왔다. 관음보살좌상은 지금 공개하지 않고 내실에 모시고 있다. 관음전을 짓지 못한 절의 형편도 있지만 크기가 작고 가벼워서 도난을 염려하는 측면도 있다.

수향사는 역사가 오래지 않아 아직도 토목공사를 벌이고 있다. 일주문·대웅전·해수관음·삼층석탑 등에서 새로 지은 절이라는 인상을 받는다. 사찰의 전체 면적은 약 1만 2천 평으로 넓은 편인데, 절의 우측 공간에 납골묘를 조성할 계획을 가지고 있다. 앞으로 사찰이 유지되려

수향사

면 과거의 전통신앙 형태만으로는 어려울 것이므로 납골당 같은 형태의
재정 확보 노력을 모색해야 한다.

일주문을 들어서면 큰 바위에 '佛' 자를 새긴 입석이 있다. 글씨가 범상
치 않아서 물으니 주지스님 글씨란다. 주지스님은 여러 절에 단청을 해
준 경력을 가진 단청장이다. 주지스님이 차를 한 잔 대접하겠다며 안내
한 곳에 젊은 수좌가 열심히 채색 달마상을 그리고 있다. 주지스님 밑에
서 그림 공부를 하는 것으로 보인다. 방에는 주지스님의 그림과 독특한
필체의 글씨가 여러 점 걸려있다. 일주문을 들어섰을 때 왼쪽 담장에 있
는 불화들도 주지스님이 그렸다고 한다.

법화사지에서 수향사로 가는 길은 산지대교와 장보고대교를 건너거
나 해안을 따라 걷는 길이 있다. 해안을 따라가면 약 59km, 다리를 건
너면 22km 거리다. 다리를 건너가는 길은 차량통행이 많지 않아서 크
게 위험하지 않고 중간에 섬이 연결되어서 걷기에 쾌적하다. 수향사 가
는 도중 약 11km 전에 완도군에서 운영하는 명사십리 오토캠핑(www.
campwando.co.kr)이 있다. 주변에 팬션도 있으므로 묵어가기에 좋다.
캠핑장에는 카라반 22개 동과 캠핑사이트 48면, 샤워실과 식수대, 편의
점 등 다채로운 시설이 조성되어 있다. 이곳을 이용하려면 완도군청에
예약해야 한다. 수향사 입구에 오래된 여관도 있다.

019

장흥 천관산

탑
산
사

순례 길에서 가장 어려운 문제는 숙박이다. 하루에 걸을 수 있는 거리를 여유 있게 한 시간에 약 3km씩 걷는다고 가정하면, 하루 7시간 걸을 때 21km를 걸을 수 있다.

이 정도 걸은 뒤 절이건 민박이건 숙박할 수 있어야 한다. 그런데 숙박할 곳이 딱 맞아 떨어지지 않는다. 그러므로 숙박을 어떻게 해결할지 먼저 계획하고 길을 떠나야 한다.

순례 길에서 숙박 문제가 제일 풀리지 않는 절이 탑산사다. 수향사에서 탑산사까지 23km 떨어져 있으므로 도중에 숙박을 해야 한다. 그런데 숙소가 없으므로 버스로 대덕읍까지 갈 수밖에 도리가 없다. 탑산사가 있는 대덕읍에서 숙박해야 하는데 대덕읍에도 숙소가 없다. 탑산사 오르는 길은 오르막이라서 큰절까지 가는 시간도 꽤 걸린다. 탑산사 주차

장에서 절까지 다녀오는 시간
도 1시간은 걸린다. 따라서 대
덕읍에서 택시를 타고 탑산사
아래 주차장까지 가서 택시를
대기시킨 뒤, 탑산사를 순례하
고 천관사가 있는 관산읍까지

이청준 소설문학길

택시로 가는 방법을 택할 수밖에 없었다.

탑산사 오르는 길 양옆으로 크고 작은 돌탑들이 있다. 돌탑은 누구 한
사람이 쌓은 것이 아니라, 마을별로 또는 단체나 동창회 등에서 쌓았다.
탑들이 있는 길을 따라 오르다 보면 '천관산문학공원'이라는 표지가 보
인다. 장흥군에서 연수원을 지어 문학인들을 위한 공간으로 제공하고 있
다. 장흥출신 문인들이 쓴 작품의 한 구절이나 시를 자연석에 새겨 공원
에 세웠다. 문학공원에 '이청준 소설문학길'이 조성되어 있다. 이청준 선

탑산사 오르는 길

생은 잠시 한양대 국문과에서 교수를 지냈다. 그때 나는 초년 교수로 재직하고 있었으므로 이청준 선생을 자주 뵐 수 있었다. 선생은 나보다 10년 연상이어서 내가 어려워하면 언제나 먼저 다가와 웃는 얼굴로 나긋나긋하게 말을 붙여왔다.

선생은 대학에서 강의하는 동안 내내 소설을 쓰지 못하는 것을 안타깝게 여겼다. 결국 4년 뒤 본업인 소설 창작에만 열중하겠다며 강단을 떠났다. 이청준 선생의 고향 장흥 천관산에서 선생님을 만나리라고는 미처 생각하지 못하였다. '이청준 소설문학길' 안내 표지판을 보니, 옛날 선생님의 소년 같은 웃음 띤 얼굴이 생생하게 떠오른다.

탑산사는 신라 애장왕 원년(800년)에 통령 화상이 창건하였다고 전한다. 탑산사라는 이름은 아쇼카왕(阿育王)이 이곳에 탑을 세우고 부처님 사리를 봉안했다고 해서 붙여진 이름이라 한다. 가섭불이 좌선했다는 가

탑산사 대웅전

섭불 연좌석도 있다. 경주 황룡사지에도 가섭불 연좌석이 있어서 불교 전래와 관련이 있는 설화로 여겨진다. 주민들은 탑 형상으로 된 자연석을 아육왕탑이라고 부르고 있다.

임진왜란(선조 25년, 1592년) 때 대웅전과 시왕전·공수청·향적각 등 많은 건물이 불탔다. 팔백 근이나 되는 큰 종도 있었다고 한다. 종은 임진왜란 때 왜병들이 녹여 총포를 만들었다. 탑산사는 화재로 소실되어 작은 암자로 명맥을 이어오다가 1923년의 화재로 작은 암자마저 소실되었다. 1925년부터 복원공사가 시작되어 오늘에 이른다.

어떤 사람이 탑산사 주차장 바로 위에 작은 법당을 지었다. 그 법당은 지금 버려진 채 문이 잠겨있다. 주민들은 이 절을 '작은절'이라고 부르고 위에 있는 절을 '큰절'이라고 부른다. 탑산사 유물로는 동종(보물 제88호), 석등(전라남도 문화재자료 제196호), 금동여래입상(전라남도 문화재자료 제270호)이 있다. 동종은 일본 헌병들이 가져가 해남읍 일본 헌병대에 있었다. 해방 뒤 만일암을 거쳐 지금 대흥사 성보박물관에 보관하고 있다. 석등은 조성 기법으로 보아 신라 말이나 고려 초의 유물로 추정된다. 금동여래입상은 불상의 조성 양식으로 보아 7세기 무렵 삼국시대의 전통적인 양식을 계승하고 있다. 이외에도 1985년에 옛 절터에서 청동사리탑과 토불이 발굴되었다.

| 020 |

장흥 천관산

천
관
사

　천관산은 탑산사와 천관사를 품고 있는 명산이다. 천관산(723m)은 기암괴석과 억새밭, 그리고 멀리 보이는 다도해의 풍경이 어우러져 한 폭의 그림을 펼쳐 보인다. 한때 천관산에는 89암자, 천 명이 넘는 대중이 운집해 수도 정진했을 정도로 불교가 성행했던 곳이다.

　천관산 정상을 축으로 탑산사에서 대칭점에 있는 천관사로 가려면 천관산을 반 바퀴 돌아서 18km 되는 길을 걸어야 한다. 천관산 등산도를 보면 천관사와 탑산사는 등산로로 연결되는 지름길이 있다. 인터넷을 뒤져보니 등산객이 적은 탓인지 등산로가 애매해서 고생했다는 글이 있다. 지름길 산행을 시도해볼까 하다가 겨울이라서 감히 엄두를 내지 못했다. 날씨가 따뜻하고 풀숲이 무성하지 않으면 시도해보고 싶다. 탑산사에서 천관사로 둘러 가는 길에는 숙박시설이 없다. 장흥 관산읍으로

천관사 삼층석탑

들어가는 길목, 천관사 6km 전에 최근에 지은 천관모텔과 식당이 있다.

천관사는 신라 때 통령 화상이 창건한 사찰이다. 탑산사를 세운 통령 혹은 영통 화상이라 불리는 스님이 꿈을 꾸는데, 가지고 있던 석장이 산 봉우리를 넘어 북쪽으로 날아가 꽂혔다. 스님이 꿈에서 깨어 꿈에서 본 곳과 비슷한 자리를 찾아 터를 닦고 절을 지었다는 이야기가 전한다.

천관사라는 이름은 천관보살을 이곳에 모셨으므로 붙인 이름이다. 산 이름은 절 이름을 따서 불렀다는 말이 된다. 《화엄경》〈보살주처품〉에 보면, "지제산은 예로부터 지금까지 여러 보살이 머무르는 곳이다. 현재 머무르고 있는 보살을 천관보살이라 한다."라고 하였다. 천관산의 별칭을 지제산이라고 부르는 것도 경전에 나와 있기 때문이다. 삼층석탑과 오층석탑을 보면 신라 말, 고려 초기의 양식이다. 탑의 규모로 보아 사세가 제법 컸던 것으로 보인다.

천관사 석등

《동문선》에 전하는 천인 스님(1205~1248년)의 〈천관산기〉에 보면 13세기 무렵까지 사세가 유지되었음을 알 수 있다. 1561년(명종 16년)에 《묘법연화경》을 펴낸 것을 비롯하여 전부 13차례나 경전 등을 간행할 정도로 사세가 컸음을 알 수 있다. 천관사의 역사를 담은 〈지제산사적〉(1659년, 효종 10년)에는 창건 설화, 신무왕 관련 기록 등이 수록되어 있다. 장흥

출신 실학자 위백규(1727~1798년)가 지은 《지제지》에 따르면, 1759년 (영조 35년)에 관에서 기와를 뜯어가 순천 제민창을 지어 마침내 절이 없어지게 되었다고 한다.

천관사에는 건물을 제외한 탑과 석등이 문화재로 지정되어 있다. 절에 있는 극락보전·삼성각·범 종각·요사는 모두 근래에 지은 건물이다. 고려시대 초기에 세운 삼층석탑(보물 제795호)은 신라 탑의 형식을 그대로 이어받아 조형미가 뛰어나다. 오층석탑(전라남도 유형문화재 제135호)은 두께 1cm의 투명체 팔각보석 1점, 은그릇 12개가 발견되었는데 (동아일보, 1968년 7월 17일 기사) 지금 소재를 알 수 없다. 오층석탑은 고려시대에 조성된 것으로 보인다. 삼층석탑에 비해 기단부가 작아져서 형식화되었고, 상층과 하층 기단부도 작아지고 단순화되었다. 석등(전라남도 유형문화재 제134호)은 상대석·하대석·화사석·옥개석을 제대로 갖춘 고려시대 유물이다.

021

강진 천개산

정
수
사

정수사는 강진군 대구면 용운리 천개산(540m) 골짜기에 있다. 천관사에서 정수사 가는 길은 27km나 된다. 하루를 꼬박 걸어도 가기 힘든 거리다. 다행히 정수사 가기 전 10km쯤에 가우도 관광단지가 있다. 5km 전에는 오토캠핑장이 있다. 가우도에서 정수사까지 약 10km를 왕복하면 20km이므로 하루에 다녀오기 빠듯하다. 따라서 오토캠핑장에서 1박하면 조금 여유가 있을 것이다. 카라반에서 하룻밤 묵었는데 피곤해서 어떻게 잠이 들었는지 모르게 불편함이 없었다.

정수사가 있던 자리에는 원래 쌍계사가 있었다. 두 골짜기 계곡물이 절 앞에서 만나므로 쌍계사라 불렀다. 조선 후기에 지금의 이름인 정수사로 바꾸었다. 쌍계사는 신라 애장왕 원년(800년)에 도선 국사가 창건하였다고 전한다. 국사의 생존연대가 827~898년이므로 도선 국사 창건

설은 맞지 않는다. 전통 사찰 창건에 관련된 인물 중 도선과 관련된 사찰이 많다. 도선은 스님이면서 도교적 인물이기도 해서 풍수지리, 예언 등 많은 설화를 낳은 인물이다.

절에 도선을 끌어들여 오랜 역사와 신비, 권위를 높이려 한 의도를 읽을 수 있다. 비슷한 인물로 원효 대사와 의상 조사를 끌어들여 창건주로 삼는 절도 많다. 도선·원효·의상 스님이 그 많은 절을 다 직접 지었다는 것은 믿을 수 없다. 그 스님들이 생존한 시기에 또는 그 스님들의 제자나 인연이 있는 스님이 지었을 수는 있다.

정수사는 여러 차례 중창하거나 중수한 기록이 있다. 정유재란 때 크게 파손되어 1644년(인조 22년)에 옛 건물을 헐고 새로 지었다. 이때 현감 강유가 재물을 시주해 불사를 도왔다. 1664년(현종 5년)에 중수할 때도 현감 조성이 대시주가 되었다. 또 1706년(숙종 32년)에 처사 이득종

정수사 대웅전

정수사 삼층석탑

이 중수할 때도 현감 김중려가 도왔다. 여기서 한 가지 의문을 품게 된다. 불교를 배척하던 유학자들이, 그것도 고을의 수령인 현감들이 사찰 건립에 행정 편의를 도운 사실이다. 도와준 사연에는 무슨 대의명분이 있었을 터이다. 그 명분은 임진왜란과 병자호란을 통해 의승군이 이 절에 주둔하며 나라를 구한 호국사찰이라는 것이었다.

세월이 흐른 뒤 승병의 호국 공로가 기억 속에서 희미해지자 사찰은 다시 무거운 세금 부담에 지탱하기 어려워졌다. 정수사도 예외가 아니었다. 1794년(정조 18년) 의준 스님이 현감에게 가혹한 세금 부담을 호소하기에 이르렀다. 마침 위유사로 강진에 온 서영보가 왕에게 보고하여, 고금도에 있는 관왕묘(關王廟)를 지키는 조건으로 세금과 잡역을 면

남해안 108 성지순례

해주었다.

　참으로 한심한 일이다. 임병양란에 관군은 꽁무니를 빼 달아나고 전쟁터에서 승병과 의병이 목숨을 바쳐 나라를 구했다. 중국의 관운장이 무슨 전공을 세웠다고 전국에 관왕묘를 세우고 사당을 수호하는 일까지 승려들에게 맡겼을까. 지배층 관리들의 썩어빠진 정신은 결국 삼백 년 뒤 경술국치로 나라를 송두리째 빼앗기는 비극을 초래하였다. 아무튼 정수사는 관왕묘를 수호한다는 명분으로 잡

정수사 도공의 위패

역과 세금을 탕감받아 이때부터 절의 경제력이 풍부해졌다. 한때 정수사는 22개나 되는 많은 암자를 거느리기도 했다. 조선조 말기까지 정수사는 강진 일대의 으뜸 사찰이었다.

도공의 위패를 모신 도조사

정수사는 다른 곳에서 볼 수 없는 도조사(陶祖祀; 전라남도 유형문화재 제101호)라는 사당이 있다. 정수사가 청자도요지와 가까운 거리에 있으므로 도공들의 조상을 기리는 사당을 절에서 수용한 것이다. 절은 또한 도공들의 기도처이기도 했을 것이다.

정수사 대웅전은 조선 중기에 지은 건물로 추정된다. 구조는 전면 3칸, 측면 2칸의 다포식 맞배지붕이다. 대웅전에는 목조삼존불좌상과 관음보살상이 있다. 여래삼존불좌상은 가운데 본존불과 오른쪽 여래상은 목재인데 왼쪽 여래상은 종이를 재료로 조성한 건칠불이다. 불화로는 후불탱 · 칠성탱 · 산신탱 · 제석천룡탱화를 배치했다.

나한전은 전면 3칸, 측면 1칸의 맞배지붕 건물이다. 안에는 석가모니불상 · 십육나한상 · 2사자상 · 동종이 있다. 나한상은 석가모니불상을 좌우로 8구씩 배치하였다. 조선 후기에 제작한 것으로 보이며, 원래 채색하지 않았었는데 최근 도색하여 고풍스러움을 잃었다.

부도는 나한전에서 조금 떨어진 곳에 모두 다섯 기가 있다. 광륭당 · 쇄운당 · 석봉당이라는 당호를 새긴 3기와 당호가 없는 2기가 있다. 괘불대는 대웅전에 축대 아래에 있다. 모두 5조가 있고, 그중 한 조에 1708년(숙종 34년)에 조성했다는 명문이 새겨져 있다.

022

강진 만덕산

백련사

정수사에서 백련사를 가려면 가우도 출렁다리를 건너서 간다. 정수사에서 가우도까지는 10km쯤 떨어져 있고, 가우도에서 백련사까지는 13km 거리다. 가우도는 겨울철인데도 관광객으로 북적인다. 짚라인(zipline)을 타는 사람들도 많다. 가우도는 아기자기한 둘레길이 있고, 음식점과 민박 펜션들이 있다.

백련사 가는 길목에 다산유물전시관과 다산초당이 있다. 순례의 주 대상은 사찰이지만 그 지역 대표적인 문화유산을 둘러보는 것도 중요하다. 강진은 다산이 유배당해 있으면서 활발한 저술 활동을 했던 곳이다. 다산은 후학 양성과 초의 선사 등 불교인들과도 교유하며 차 문화에도 영향을 미쳤다. 다산박물관과 다산초당을 둘러보고 초당에서 1km쯤 동백숲 등산로를 따라가면 백련사가 나온다.

백련사는 강진군 도 암면 만덕산 자락에 위 치해 있다. 절의 본래 이름은 만덕사였다. 조 선 후기까지 만덕사로 부르다가 근래 백련사 로 불렸다. 원묘 국사에 의해 보현도량을 개설 하는 백련결사(白蓮結 社)가 이루어지기도 했 다. 대웅전에는 백련결 사가 이루어졌음을 말 해주는 '萬德山白蓮社' 라는 현판이 아직도 남 아있다.

다산초당에서 백련사로 넘어가는 동백나무숲길

백련사 창건은 신라 문성왕(839~856년) 때 무염 국사에 의해 이루어졌 다는 설이 있지만 정확한 창건 연대는 확인할 수 없다. 고려 때(1211년) 원묘 국사가 중창하면서 사세가 크게 확장되었다. 고려 말 조선 초에 왜 구의 노략질로 폐사되다시피 했고, 1426년(세종 8년) 행호 선사가 효령 대군의 시주를 받아서 중창하였다.

효령 대군은 왕위를 세종에게 양보하고 사찰을 유람할 때 백련사에서 팔 년간 머물렀다. 이때 백련사에 전답을 기부하기도 했다. 1908년(융희

2년) 효령 대군의 자손 이정재가 효령 대군이 절에 기부했던 전답과 거처하던 전각을 철거해 목재를 가져갔다. 이 바람에 절이 경제적으로 궁핍하게 되어 사찰의 유지가 어렵게 되었다. 자기 조상이 절에 의탁해서 지낸 대가로 기부한 전답과 건물까지 헐어간 왕손의 옹졸함이라니. 더 이상 할 말을 잃는다.

대웅전(2023년 보물 지정)은 경사가 급한 골짜기에 자리하고 있어서 계단식으로 쌓은 석축 위에 지었다. 대웅전 규모는 전면 3칸, 측면 3칸의 팔작지붕이다. '대웅보전' 편액은 1755년 진도로 유배된 이광사가 절을 방문하고 쓴 글씨다. 대흥사에도 이광사의 글씨가 남아있다. 이광사는 조선 후기 학자이자 서예가다. 영조의 등극과 함께 실각한 소론에 속해서 역모사건에 연좌되어 신지도에 유배당하였다가 죽었다. 시서화에 두루 능했으며, 특히 원교체라는 독특한 글씨체를 이루어 후대에 많은

영향을 끼쳤다.

대웅보전에는 조선 후기 조성된 것으로 보이는 석가모니불·약사여래불·아미타불의 삼불좌상을 모셨다. 삼존불상 뒤에 1765년(영조 41년)에 그린 영산회상도·약사회도·미타회도를 한 폭에 그린 후불탱이 있었는데 근년에 도난당하였다. 대웅보전 양편으로 명부전과 칠성각이 있다. 명부전에는 지장보살상을 중심으로 좌우에 무독귀왕과 도명존자를 모셨다. 양옆으로 지장보살의 권속인 시왕과 판관 녹사 인왕상 각 2체, 사자상 1체를 배치했다.

명부전 서쪽으로 응진당과 사적비(전라남도 유형문화재 제137호)가 있다. 이 사적비는 1681년(숙종 7년)에 세웠다. 귀부는 목이 짧고 긴 수염을 늘어뜨렸으며 등의 귀박에는 꽃무늬를 조각했다. 원래는 최자가 왕명을 받들어 원묘국사비를 세웠는데, 비석은 없어지고 귀부만 남아있던 곳에 절의 사적비를 세웠다. 비석의 옆면에는 넝쿨과 꽃무늬를 조각하였다. 옥개석은 아래에 서까래와 부연을 조각하고, 위는 우진각지붕 형태로 만들었다. 사적비의 글씨는 선조의 증손 이우가 썼는데, 송광사 사적비도 그의 글씨다.

대웅전 앞 만경루 좌우로 육화당과 요사가 있다. 만경루 앞에 1991년 지은 종각이 있는데 예전에는 해탈문이 있었다고 한다. 만경루에서 내려다보면 강진만이 시원하게 한눈에 들어온다. 강진만 건너서 보이는 곳이 고려청자의 생산지로 유명한 강진 사당리다.

백련사에는 웅진전 앞 1기, 만경루 뒤 선방 앞 1기, 절 입구 축대 위 1기, 절 서쪽 동백숲에 4기 등 모두 7기의 부도가 있다. 절 주변으로 아름드리 동백나무숲(천연기념물 제151호)이 우거져 있다. 백련사의 동백림은 1,500여 그루가 숲을 이루고 있으며, 이밖에 굴참나무·비자나무·후박나무 등도 섞여서 자라고 있다. 동백나무의 높이는 평균 7m쯤 되고, 동백꽃이 필 무렵이면 매우 아름다워 이 지역의 명소로 알려져 있다. 동백림 부근으로 차나무가 야생하고 있어 다산이 초의의 스승인 혜장 선사와 이곳의 차를 마시며 교유했을 것으로 생각된다.

023

강진 보은산

고
성
사

　풍수지리에서 강진의 지형은 소가 누운 형국이라 한다. 고성사가 있는 자리는 소의 귀밑에 해당한다. 소에 워낭을 달 듯 이곳에서 종소리가 나야 강진이 안정된다는 풍수설에 따라 절 이름을 고성사(高聲寺)라 지었다 한다. 화방사에 세워진 〈천불산화엄사사적비〉에 절 이름이 나온다. 고려 후기 원묘 국사가 백련사를 창건하고, 여러 암자를 세울 때 화방암과 함께 고성암을 세웠다는 기록이 있다. 조선 후기에 펴낸《범우고》(1799년)에도 고성암이 나온다.《호남읍지》(1872년)에도 고성암이 기록되어 있다.

　조선 후기 1801년(순조 1년)에 강진으로 유배를 온 다산 정약용이 고성사에 주석하던 초의 선사의 스승 혜장 선사를 1803년 봄에 만나면서 인연을 맺었다. 대둔사의 13대 강사 가운데 한 분으로 당대의 고승이었

던 혜장은 다산이 번잡한 주막에 머무는 것을 안타깝게 여기고 보은산 방이라는 별채를 지어 머물도록 했다. 혜장과 다산은 불법과 역학을 담론하며 교유하였고, 나이가 아래인 혜장은 다산에게서 역학 등의 학문적 영향을 받았다.

　고성사 대웅전에는 목조삼불좌상(전라남도 유형문화재 제316호)을 모셨다. 이 불상의 머리는 나발이고 육계가 솟고 계주가 보인다. 착의는 두꺼운 옷자락이 두 어깨를 감싸고, 가슴에는 내의 자락이 표현되어 있다. 조각 양식이 같은 본존불을 약사여래와 아미타여래가 협시하고 있다. 목조삼존불은 양대 전란 이후 17세기에 유행한 여래삼불 형식의 작품이다. 삼존불상이 원형대로 전하고 조각 양식이 뛰어나다. 대웅전에는 근년에 영산회상도를 비롯한 지장탱 · 감로탱 · 신중탱을 후불탱화로 봉안했다.

고성사 목조삼존불

칠성각은 전면 2칸, 측면 1칸의 맞배지붕이다. 칠성탱·산신탱·독성탱·용왕탱화가 있다. 칠성각 현판은 다른 곳에서 볼 수 없는 독특한 글씨로 '三四星閣'이라고 되어 있다. 七을 三과 四로 파자하여 썼다. 글씨는 학정 이돈흥의 글씨다.

보은산 테마공원 앞에 새로 단장한 V랜드펜션이 있는데 오랫동안 문을 열지 않은 듯하다. 고성사에서 금곡사로 가는 도중에 영랑생가가 있다. 영랑생가를 들러보고 인근 식당에서 남도 음식을 즐기는 것도 순례 길의 즐거움이다.

024

강진 산태봉

금곡사

금곡사로 가는 길은 삼십 리 벚꽃길로 유명하다. 벚나무 길을 따라가다 보면 금곡사 산문 입구에 주차장이 있다. 주차장 뒤로 거대한 바위가 양쪽으로 우뚝 솟아 무릉도원으로 들어가는 석문처럼 신비스러움을 자아낸다.

저 거대한 석문을 통과하면 딴 세상이 있을 것만 같다. 계곡을 따라 조금 오르면 확 트인 공간이 열리고 2단으로 쌓은 석축 위로 듬직한 모습의 삼층탑이 맞아준다. 금곡사는 천 년 전 신라 말기 밀봉 대사가 절을 짓고 성문사라 불렀다. 뒤에 금곡사라 부른 것은 이곳에 금광이 있었기 때문이다.

조선 중기에 간행된《신증동국여지승람》(권 37, 강진불우)에 절 이름이 나온다. 그런데《범우고》(1799년)에는 폐사된 것으로 기록되어 있

금곡사 대웅전 화려한 닫집   금곡사로 들어가는 계곡 바위문

다. 이후 언제 절이 다시 지어졌는지는 알 수 없다. 6·25전쟁 직전까지 절
에는 50여 명의 스님이 머물렀다 한다. 전쟁을 겪으며 절은 다시 폐사되
었다. 폐허로 남아있던 절터에 1960년 무렵 초가 형태의 법당과 요사를
지어 유지해왔다. 최근 원문 스님이 대웅전·천불전·명부전·종각·
요사를 지어 중창 불사를 하고 있다.

  대웅전은 2단의 축대를 쌓은 위에 지었다. 형태는 전면 5칸, 측면 3
칸의 팔작지붕이다. 대웅전 안에는 목조석가여래·아미타여래·약사
여래의 삼존불을 봉안했다. 후불벽화는 영산회상도이며, 지장도·칠성
도·천룡도·독성도·산신도 등 최근의 불화들이 걸려있다. 대웅전 왼
쪽으로 1995년 지은 천불전, 오른쪽으로 명부전이 있다.

  대웅전 앞에는 고려 초기 양식인 삼층석탑(보물 제829호)과 석등 대좌
가 있다. 삼층석탑은 옥개석까지 높이가 532cm로 규모가 큰 탑인데, 앙
화·보개·보주의 상륜부가 없다. 기단 중석의 전후와 측면에서 각
기 1매씩의 판석이 유실된 상태다. 갑석도 부분적으로 파손되어 원형을

잃은 채 보존됐다. 옥개석 모서리에 풍탁을 달았을 것으로 추정되는 구멍이 있다.

1988년 6월, 기울어진 탑을 해체 보수할 때 탑신 윗면에서 사리공이 발견되었다. 그 안에 사리 32과가 발견되었다. 사리는 다시 탑에 봉안하였다. 옥개석 상면의 경사가 완만하고 우동마루가 두툼하게 표현된 조각 수법은 백제탑을 모방한 것이다.

고려시대 석등 대좌로 보이는 석재가 보관되어 있다. 종각 아래로 요사와 해우소가 있다. 경내에는 가뭄에도 마르지 않는 약수가 솟아오른다. 이 약수를 마시면 신경통이 사라진다는 이야기가 전한다.

025

강진 화암산

화
방
사

화방사는 강진군 군동면 화산리 화암산 중턱에 자리하고 있다. 절의 뒤편으로 바위들이 병풍처럼 둘러있고, 정상부에 주상절리가 솟아 마치 여러 부처님이 서 있는 듯 하므로 천불산이라고 불렀다고 한다.

지난해 겨울, 처음 화방사에 왔을 때는 절의 규모가 작은데다 인기척이 없어서 빈 절처럼 쓸쓸하였다. 올봄 '부처님오신날'을 앞두고 방문한 화방사는 연초록 나뭇가지로 둘러싸여서 마치 단장을 한 새색시처럼 순결해 보였다.

절을 둘러보고 내려오려는데 주지스님이 손님을 배웅하고 올라오며 "어디서 오셨는지, 차나 한잔 하고 가시지요."라고 한다. 마치 조주 스님의 '喫茶去(차나 한잔 하고 가라)' 화두를 던졌다.

스님에 이끌려 다실로 들어가 앉으니 밖으로 펼쳐진 풍광이 이태백의

영산전 청자불상

'別有天地非人間(인간 세상이 아닌 또 다른 세계)'이요, 왕안석의 '綠陰芳草昇花時(푸른 숲 향기로운 풀이 꽃보다 아름다운 때)'다. 그야말로 녹음이 꽃보다 아름다운 계절이 그림처럼 펼쳐져 보인다.

다실은 원래 종각이었다. 지난해(2020년) 12월, 새로 부임한 주지스님이 방치된 종각의 네 모서리에 창문을 달아 다실로 활용하고 있다. 다실에서 내려다보는 바깥 풍경은 말 그대로 선경이다. 작은 산들이 올망졸망 솟았고 멀리 논밭 사이로 흐르는 강물 위에 옅은 구름이 두세 점 떠 있다. 구름이 운해를 이루면 아름답겠다고 하니, 스님은 기다렸다는 듯 운해가 깔린 사진을 보여 준다. 더불어 해돋이·달돋이·눈 덮인 겨울 풍경을 담은 사진들을 보여 준다.

다실에서 나와 오른편에 커다란 바위를 기단석 삼아 세운 '천불산화엄사사적비'가 있다. 이 비석의 비문에 따르면, 이 절은 원묘 국사가 1211

년(희종 7년) 백련사를 중창
하면서 화방암(華芳庵)을 세
운 것이 처음이다. 당시 백련
사 인근에 세운 암자로는 화
방암을 비롯해 석문암 · 합장
암 · 응진암 · 죽림암 · 망월

겨울 화방사 다실

암 · 천불암 · 고성암 등의 암자가 있었다.

이 비를 세울 당시(1917년)에는 화방암과 고성암만 존재했고, 화방암
은 화방사, 고성암은 고성사가 되었다. 《강진현지》에는 나한사로 기록
되어 있는데, 지금의 화방사를 일컫는 이름이다. 나한사라는 절 이름으
로 보아 이곳은 나한도량이었음을 알 수 있다. 화방암이었을 때 1876년
(고종 13년) 경신 스님이 중창하고, 다시 1888년에 화산 스님이 중수했
다. 1912년에 태홍 스님이 삼존상과 십육나한상을 모셨을 때 당시 절의
모습이 화려했다고 한다.

화방사는 최근에 지은 대웅전 · 응진전 · 산신각 · 노전 · 요사 · 누각
등 전각이 있다. 대웅전에는 석가여래를 중심으로 관음보살과 대세지보
살을 모셨다. 불화로는 1944년에 칠성탱화 · 산신탱화 · 신중탱화를 봉
안했다.

예전 응진당에는 1944년에 그려진 것으로 보이는 나한도가 여러 폭 있
었는데, 응진전이 헐리면서 벽화도 해체되어 일부만 사진으로 남아있다.
새로 지은 응진전에는 청자로 된 불상을 중심으로 나한상을 배치했다.

026

영암 월출산

무위사

무위사는 강진군 성전면 월하리 월출산 남쪽 기슭에 자리 잡은 천년 고찰이다. 월출산 봉우리에서 한 자락이 뻗어 내려오다가 멈춘 곳에 무위사가 있다.

무위사라는 이름에서 언뜻 장자의 '無爲自然(무위자연)'이라는 말이 떠오른다. 이 말을 글자대로 해석하면 "일부러 하지 아니하고 스스로 그러하다."라는 뜻이다. 자연이라는 말은 사전에는 '눈에 보이는 풍광'을 이르는 명사인데, 원말은 '스스로 그렇다'는 형용동사에서 온 말이다. 눈앞에 펼쳐진 자연은 인위로 만든 것이 아니라 본래 그렇게 있는 현상이다. 그러니 세상을 살아가는 이치도 있는 그대로 수용하고 적응해서 살아가라는 말이 되겠다.

인간은 과학을 발달시켜 편의를 추구하기 위해 자연을 있는 그대로 두지 않고 조작하거나 훼손하여 살기 편한 세상으로 만들었다. 그 결과 생겨나지도 않을 질병이 발생하고, 코로나 같은 바이러스가 생겨나 고통과 죽음의 공포를 맞게 되었다.

불교에서 무위의 뜻은 '인연 따라 이루어지지 아니하고 생멸의 연기를 떠난 자리'를 가리킨다. 불교의 기본 교리는 연기법인데 여기서는 그러한 연기법조차 벗어난 경지를 이르는 말이다. 선조들이 무위사라는 이름을 짓게 된 것도 이러한 깊은 뜻을 헤아려 일깨워 주려고 지은 이름이 아닐까 생각하면서 걷는다.

무위사의 창건 유래와 역사는 〈무위사사적〉에 기록되어 있다. 이 글에 의하면 신라 진평왕 39년(서기 617년) 원효 대사에 의해 당초 '관음사'로 창건되었다고 하나 명확한 근거는 없다. 삼국통일 후 875년(헌강왕 1년)에 도선 국사(827~898년)가 '갈옥사'로 개창한 것이 첫 번째 중창이다. 905년(효공왕 9년) 이후 선종인 가지산문 계통의 선각 대사(864~917년)가 모옥 형태의 조그만 절을 중수했다는 기록이 있다. 이 당시에 무위사라는 이름으로 불리었음을 알 수 있다.

1530년에 편찬한 《신증동국여지승람》에 "세월이 오래되어 퇴락한 무위사를 중수하고, 이로 말미암아 수륙사(水陸社)를 둔다."라는 기록이 있다. 수륙사는 국행수륙재를 지내는 사찰에 설치한 일종의 국가 기구다. 수륙재는 조선을 건국하며 억울하게 죽은 전사자들과 백성들을 달래고 국민 화합을 위해 지낸 재의식이다. 수륙재는 말 그대로 물과 허공에 떠도는 유주무주 고혼들을 달래고 천도하는 한편, 살아 있는 온갖 생명들도 복수심을 버리고 용서하며 포용하려는 의미를 갖는 불교의 중요한 의식이다. 무위사에서 간행한 불전 목판 가운데 〈천지명양수륙잡문〉과 〈천지명양수륙재의찬〉이 있는 것으로 보아, 이곳에서 수륙재를 지낸 사실을 확인할 수 있다.

최근 수륙재를 지내는 사찰이 늘어나는데 서울 진관사와 강원도 동해 삼화사에도 수륙사를 두어 나라에서 수륙재를 지냈다. 왕실에서 수륙재를 지내게 한 것을 보면 이성계가 역성혁명으로 돌아선 민심을 달래기 위해 지방에도 수륙사를 세우고 수륙재를 지낸 듯하다. 현재 서울 진관사 수륙재와 동해 삼화사 수륙재, 창원 백운사 수륙재가 국가중요무형문화재로 지정되었다.

무위사는 임진과 병자 양난의 소용돌이 속에서도 큰 피해를 입지 않았다. 그래서 무위사 전각은 조선 초기의 건축 양식을 연구하는데 중요한 자료가 되고 있다. 1956년 극락전을 보수할 때 안에 있던 벽화 가운데 후불벽화와 후면벽화를 제외한 벽화들을 보존하기 위해 떼어서 성보박물관에 별도 보관하고 있다. 무위사는 벽화의 보고라고 할 만큼 훌륭한 벽화들이 있다. 아미타극락회도·수월관음도·아미타내영도·아미타십이존도·보살좌상·오불도·아미타여래입상 등 보물로 지정된 벽화들이 보존되어 있다.

극락보전은 그 역사(세종 12년, 1403년)가 오래인 만큼 전각은 물론 그 안에 봉안한 불상과 벽화 등이 국보와 보물로 지정되었다. 조선 초기에 세워진 주심포 건축 중에서 가장 발달된 구조를 지니고 있다. 하나의 건축 양식이 정착되어 가는 모습을 보인다. 주심포집은 기둥 위에만 공포를 얹는 건축기법으로 기둥과 기둥 사이에 공포를 얹는 다포집과 비견되

삼존불(보물 제1312호)과 후불벽화(국보 제313호)

는 건축 양식이다. 비교적 오래된 건축물인 부석사 무량수전, 봉정사 극
락전, 수덕사 대웅전 등이 주심포 건물이다. 무위사 극락보전은 이들보
다 후대에 지은 건물로서 조선 초기 건물 특징을 보인다.

극락보전의 지붕은 맞배지붕이며 공포를 여러 개 얹지 않아서 단정한
느낌을 준다. 기단은 거친 돌과 다듬돌을 섞어서 쌓아 자연스러움을 보
인다. 덤벙주춧돌 위에 배흘림기둥을 세웠다. 창호는 어간문을 구분하
지 않고 3칸 모두 사분합의 빗살무늬 꽃문을 달아 단아한 느낌을 준다.

전각 안에는 불단 위에 수미단을 형상화한 닫집 모양의 보개천장을
올리고, 그 아래에 아미타여래 · 관음보살 · 지장보살의 삼존불(보물 제
1312호)을 모셨다. 삼존불 뒤의 후불벽화(국보 제313호)는 아미타불을
중심으로 왼쪽에 관음보살, 오른쪽에 지장보살을 그린 아미타삼존도이
다. 아미타불의 오른쪽에는 보통 대세지보살을 그린다. 그런데 지장보

선각대사탑비(보물 제507호)   백의수월관음도(보물 제1314호)

살을 그린 것은 고려 말, 조선 초에 지장신앙이 성행했음을 말해준다. 화면의 좌우 상단에 여섯 나한상을 그린 것도 특징이다.

　삼존불 뒤에 세운 흙벽의 뒷면에도 수월관음벽화(보물 제1314호)가 그려져 있다. 백의관음은 버들가지를 살짝 잡고 정병을 들고 있다. 발아래에 노비구의 모습을 한 선재동자를 그렸다. 다른 수월관음도에 동자가 어린아이의 모습인 점과 차이가 있다. 관음보살은 수염을 그려 넣어 건장한 남성적 체구를 보여 준다. 관음보살을 여성적 이미지로 받아들이는 내용과 다르다. 관음보살은 부처님 당시 실존했던 인물이라는 설도 있다.

　이 벽화에는 재미있는 전설이 있다. 어느 날 한 노승이 찾아와 법당에 그림을 그리겠다며 칠칠(49)일 동안 들여다보지 말라고 말하였다. 48일 되는 마지막 날 궁금증을 못 이긴 주지가 문틈으로 법당 안을 엿보았다. 법당 안에서는 파랑새 한 마리가 입에 붓을 물고 그림을 그리고 있었다.

주지가 들여다보는 바람에 관세음보살의 눈동자를 그리지 못하고 파랑새가 날아가 지금도 관세음보살상에는 눈동자가 없다. 이와 비슷한 설화가 부안 내소사 후면벽화인 백의관음불화에도 전한다. 이 설화가 동시에 전하는 것은 어느 한쪽의 설화가 다른 곳에 전파했을 가능성이 있다.

이 밖에도 극락보전 사면 벽에도 아미타래영도(보물 제1315호)를 비롯한 여러 보살 및 천인상을 그린 29점의 벽화가 있었다. 선각대사탑비(보물 제507호)는 이곳 무위사에 머무르면서 사찰을 중건한 선각 대사(864~917년)의 행적을 기리기 위해 세워진 것이다. 비의 양식을 보면 귀부와 비신 이수를 갖춘 온전한 모습이다.

선각대사탑비 바로 뒤 미륵전에 성전면 수암리 마을에서 옮겨온 돌미륵이 있다. 탑비의 바로 앞에 통일신라 양식을 따른 고려 초기 삼층석탑(전라남도 문화재자료 제76호)이 있다. 옥개석이 부분적으로 파손되었으나 전체적으로 온전하다.

괘불을 내걸었던 괘불지주는 옆면에 1678년(숙종 4년) 제작했음을 알리는 간지가 새겨져 있다. 무위사에 왕실에서 관리하는 수륙사(水陸社)가 있었고, 수륙재를 지냈으므로 이때 괘불을 걸었던 괘불대였을 것이다. 극락보전 앞에 연꽃 문양이 새겨진 배례석이 있다. 석등 앞에 사용된 배례석으로 짐작한다.

027

영암 월출산

월남사지는 월출산 정상을 배경으로 월남마을 중앙에 자리 잡고 있다. 월남사지는 무위사에서 작은 언덕을 넘어 약 3km 떨어져 있다. 고개를 넘으면 중턱에 '경포대탐방지원센터'가 보인다. 월출산 국립공원을 관리하는 사무소다. 경포대에는 월출산을 배경으로 야영장 등 여러 가지 관광휴양시설이 들어서 있다. 마을 주변으로 10만여 평의 녹차밭이 조성되어 푸르게 월출산을 감싸고 있다.

월남사는 고려 때 진각국사 혜심(1178~1234년)이 창건했다. 임진왜란과 정유재란 때 무위사가 불탔으므로 이 무렵 폐사된 것으로 보인다. 월남사지(전라남도 기념물 제125호)로 들어가는 입구 왼편에 진각국사비

(보물 제313호)가 있다. 이 비석은 절을 창건한 진각 국사를 기리기 위해 세운 것이다. 그리고 진각국사부도는 이곳과는 멀리 떨어진 송광사의 산내 암자인 광원암에 있다.

진각국사비는 지대석이 223×260㎝로 매우 크다. 받침돌인 거북은 입에 구슬을 물고 목을 길게 빼 들고 있다. 네 발의 발톱을 사실적으로 조각했다. 비신은 윗부분이 떨어져 나가고 아랫부분만 남아있다. 앞면이 심하게 마모되어 비문은 잘 보이지 않는다. 비문은 당대의 문장가인 이규보가 지었고, 이규보 문집《동국이상국집》과 서거정이 편찬한《동문선》에 실려 있다.

월남사지 삼층석탑(보물 제298호)은 조성 시기가 13세기경으로 추정된다. 기단 및 탑신의 각 층은 별도의 돌로 조성하였다. 1층의 지붕돌이 목탑에서처럼 기단보다 넓다. 2017년 석탑 해체를 하던 중 삼층 탑신석 하부에서 청동병이 나왔다. 이 석탑에는 아름답고 슬픈 전설이 전한다.

월남사지 삼층석탑을 조각하게 된 석공에게 아름답고 젊은 아내가 있었다. 석공은 아내에게 탑을 완성하고 돌아오는 날까지 절대로 찾지 말라고 이르고 월남사로 떠났다. 너무 오랫동안 연락이 없자, 아내는 남편이 너무나 보고 싶어 몰래 월남사로 찾아왔다. 먼발치에서 석탑을 쪼는 남편을 바라보던 아내는 그냥 돌아서기 너무나 아쉬워 작은 목소리로 남편을 불러보았다. 순간 벼락이 치며 석탑은 산산조각이 나고, 아내는 돌로 변해버렸다. 석공은 눈물을 흘리며 아내를 어루만졌지만, 아내는 대답하지 못했다. 슬픔을 추스르고 다시 석탑을 만들어야 했지만, 인근에

월남사지 삼층석탑(보물 제298호)　　　　월남사지 진각국사비(보물 제313호)

쓸 만한 돌이 없었다. 석공은 생각 끝에 돌로 변한 아내를 옮겨 눈물로
이 석탑을 완성했다.

이 전설은 백제의 석공 아사달과 아사녀에 얽힌 경주의 무영탑 설화처
럼 숭고한 사랑을 담고 있다.

월남사지에는 건물 초석과 기단으로 보이는 축대가 남아있다. 마을 어
귀의 돌담장 근처에서 기와 조각과 청자, 백자 조각, 탑재로 쓰인 직사각
형의 판석들이 발견되었다. 1980년대 중반 석탑 우측에 있는 어느 민가
의 장독대에서 석탑의 옥개석이 발견되었다. 발견된 옥개석의 세부 기

신축 중인 월남사

법이 삼층석탑 양식과 다른 신라의 양식과 기법을 따르고 있다. 절터에 백제계와 신라계 석탑이 공존했던 것 같다.

지역 주민들의 말에 따르면 1910년대까지 두 개의 탑이 있었다. 일 년에 한 번 무위사 스님 30여 명이 석탑에 비단을 감싸고 주위를 돌며 불공을 드렸다고 한다.

28

영암 월출산

마애여래좌상

월남사지에서 마애여래좌상(국보 제144호)과 용암사지를 거쳐 도갑
사로 갈 수 있다. 월남사지에서 용암사지까지 약 4km 가파른 등산로
를 올라가고 6km가량 산길을 내려가야 한다. 첫 순례 길에서 월남사지
를 간 때는 1월 한겨울이었다. 월남사지에서 용암사지를 지나 도갑사
까지 겨울 산길 10km를 홀로 걸어갈 용기가 나지 않았다. 결국 용암사
지와 마애여래좌상을 빼고《남해안 108 성지순례》원고를 마감하여 출
판사에 넘겼다.

월출산 마애여래좌상은 순례 코스를 검토할 때 사진으로 보아서 머릿
속에 남아 있었다. 나머지 순례 길 내내 마애여래는 원망하는 듯 꾸짖는
듯 머릿속에서 한시도 떠나지 않았다. 그래서 이번 초파일을 앞두고 월
출산 마애여래를 참배하기로 결심하였다.

용암사지 순례를 위해 잡은 날짜는
23년 5월 15일. 날씨가 풀렸다 해도 70
중반 나이에 산행하는 것이 걱정되었
다. 고심 끝에 와이프에게 지원을 요
청했다. 와이프는 조용필의 노래에 나
오는 킬리만자로를 비롯해 네팔 에베
레스트, 안나푸르나와 일본 알프스산
등 세계 여러 나라 산들을 등정한 경
험이 있어서 믿음이 갔다.

월출산 마애여래좌상(국보 제144호)

　마애불이 있는 구정봉까지 가는 길
은 봄철이라서 등산객이 많았다. 구정
봉까지 오르는 길은 녹음이 우거져서 시원한 그늘을 만들어 주었다. 그
늘을 벗어나 시야가 트이는 곳에 서니 구정봉이 얼굴을 보인다. 구정봉
아래에 베틀 바위가 있다. 임진왜란 7년 동안 왜놈들의 수탈과 폭행을 피
해 여자들이 굴속에 숨어 베틀을 놓고 베를 짜서 베틀굴이라 했다는 안
내표지가 있다. 다시 한번 역사의 쓰라림을 되새김질해 본다.

　월출산 마애여래좌상은 구정봉 아래에 있는 큰 암벽을 감실 형태로 다
듬어 조각했다. 마애불 주변에서 '통화 25년 정미'(1007)라고 새긴 명(銘)
과 '도솔(兜率)'이 새겨진 기와가 나왔다. 이 유물을 통해 마애불이 조성
된 시기는 고려 초기이며, 도솔이라는 글자가 새겨진 기와로 보아 마애
불은 미륵불일 가능성이 있다. 마애불 아래에는 작은 법당이 있었던 것
으로 보인다.

마애불은 높이 8.6m로 머리는 소발이며 육계를 크게 표현했다. 꽉 다문 입과 표정은 박력 있고, 귀는 어깨까지 늘어져 길고 큰 편이다. 떡 벌어진 어깨와 가슴은 이 불상의 위용을 한층 돋보이게 한다. 왼쪽 어깨에서 흘러내린 얇은 옷자락은 가슴과 왼팔에 걸쳐 있고, 음각선으로 무릎 아래까지 흘러내려 대좌를 덮었다. 다리는 결가부좌를 하였고, 왼손은 배꼽 아래에 놓고 오른손으로 무릎을 감싼 항마촉지인을 취했다. 광배는 두광과 신광을 따로 조각하여 그 안에 연꽃무늬와 덩굴무늬를 넣고 가장자리에는 불꽃무늬를 새겼다. 불상의 오른쪽 무릎 옆에 예배하는 보살상 혹은 선재동자를 새긴 점이 특이하다. 잘 못 보고 지나칠 수 있는데 오른손에 지물을 들고 있는 공양상이다.

마애여래좌상에서 120m쯤 산길을 내려가면 400평쯤 되는 용암사지와 삼층석탑(보물 제1283호)이 있다. '龍嵒寺'라는 글자가 있는 기와가 발견되었기에, 이곳이 《동국여지승람》에 기록된 용암사임을 알 수 있다. 석탑은 절터에서 20m 정도 떨어진 언덕 위에 위치하고 있다. 절터에서 약 50m 떨어진 입구에는 석종형 부도 2기가 있다. 용암사지 삼층석탑은 자연 암반을 지대석으로 삼아 단층의 기단을 두고 그 위로 3층의 탑신을 쌓아 올린 형태다. 흩어진 석탑을 복원할 때 사리장치가 출토되고 청자 뚜껑을 덮은 백자호에서 사리 32과와 작은 금동지장보살좌상이 나왔다(국립 광주박물관 소장).

또 다른 삼층석탑은 마애여래좌상에서 150m 떨어진 산등성이에 있다. 탑에서 보면 마애여래상이 정면으로 보인다. 탑을 이 자리에 쌓은 까닭을 알겠다. 그런데 탑의 형태가 조금 불완전해서 무너진 탑을 바위 위

산등성이 삼층석탑   베틀굴

에 임시로 올려놓은 듯 보인다. 처음부터 이런 형태로 탑을 세웠을지 모른다는 생각도 든다. 암반을 지대석으로, 암반 위에 서 있는 자연석을 기단부로 삼아 탑을 쌓은 건 아닐까? 자연석 위에 갑석을 놓고 1층 탑신을 세웠다. 2층과 3층은 탑신이 없이 지붕돌만 얹었다. 의도된 미완성 탑이면서 완결된 탑이 아닐까?

029

영암 월출산

도/갑/사

도갑사로 들어가는 입구는 벚나무가 1km 늘어서 있어 봄철에는 꽃의 터널을 이룬다. 도갑사는 신라 말 이전에 창건한 천년 고찰이다. 《신증동국여지승람》에 도선이 머물렀던 곳이라는 기록이 있다. 〈도갑사사적기〉에는 아예 도선 국사(827~898년)가 창건하였다고 적고 있다. 한때 도갑사는 열두 암자 966칸이나 되는 큰 규모의 사찰이었다 한다.

도선 국사는 풍수지리와 도참예언으로 유명하다. 명승지에 가면 도선이 터를 잡아주었다거나, 고려 태조가 나라를 세울 것을 예언했다는 도참설 등이 흥미롭게 전한다. 그는 광양 옥룡사에 주로 머물며 운봉산, 태백산, 지리산 등 여러 곳에서 움막 수행을 했다. 이때 한 도인이 나타나 풍수의 비전을 알려주었다는 설화도 전한다.

도갑사를 크게 중흥시킨 스님은 수미대사다. 〈도갑사사적기〉에 따르

면 수미 대사는 영암 출신으로 13
세에 이곳에 출가하여 공부에 전
념하다 속리산 법주사에서 한글
창제에 공헌한 신미 대사를 만나
함께 공부하였다. 수미 대사는 세
조로부터 각별한 존경을 받아 국
가의 지원으로 도갑사를 중창했
다. 1473년(성종 4년)까지 해탈문
을 지었으므로 수미 대사에 의해
17년간 중창 불사가 이어졌음을
알 수 있다.

도갑사 보현동자상(보물 제1134호)

광해군 때 낡은 전각을 새롭게
중수했다. 이 무렵 상주하는 대중이 무려 730명이나 될 정도로 절의 규
모가 컸다. 1977년 참배객의 부주의로 촛불을 넘어뜨려 화재가 발생해
서 대웅보전과 많은 성보문화재가 소실되는 비운을 겪기도 했다. 화마
를 입지 않은 해탈문과 명부전을 제외한 너머지 전각은 1981년 대웅보전
을 시작으로 그 이후에 지은 건물들이다.

시대가 오랜 유물은 고려시대 오층석탑(보물 제1433호)·해탈문(국보
제50호)·목조문수보현동자상(보물 제1134호)·석조여래좌상(보물 제
89 호)·도선수미국사비(보물 제1395호)·수미왕사비(전라남도 유형문
화 재 제152호)·삼층탑·괘불대·석조대좌·석조(전라남도 유형문화
재 150호)·부도 등이 있다.

도갑사 오층석탑(보물 제1433호)

화마를 면한 해탈문(국보 제50호)에는 문수동자상과 보현동자상(보물 제1134호)이 있다. 두 동자상은 높이가 1.8m쯤 되고 상징 동물인 사자와 코끼리 등에 걸터앉아 있다. 해탈문을 해체 복원할 때 1473년에 건립되었다는 기록이 나왔으므로 이때 동자상도 함께 만든 것으로 보인다.

오층석탑은 고려 초기 작품으로 대웅보전 앞마당에 있다. 본래부터 있던 것이 아니라 다른 곳에서 옮겨온 것이라 한다. 전체적으로 균제된 체감율과 안정된 조형미가 돋보이는 석탑이다. 상륜부의 노반과 보주는 본래의 것이 아니라 후에 보수한 듯 석질과 색이 다르다.

삼층석탑은 본래 대웅전 앞에 있었으나 오층석탑을 옮겨와 삼층석탑 자리에 세우며 뒤쪽으로 옮겼다. 단층 기단에 탑신부와 상륜부를 모두 갖추었으나 옥개석의 일부가 파손되었다. 상륜부의 노반과 복발 위에 옥개석 비슷한 석재가 놓여 있는데 원래 있던 것은 아닌 듯하다.

수미왕사비는 도갑사를 중창한 수미 대사 기념비다. 대좌는 사각형이고 귀부 위에 탑신을 세웠다. 앞면에 수미 대사 생애와 비의 건립연대(1629년, 인조 7년)를, 뒷면에 건립에 참여한 승려, 지방 관리, 시주자 이름을 새겼다.

미륵전으로 올라가는 숲길에 도선과 수미대사비가 있다. 창건주인 도선 국사와 중창주인 수미 대사의 행장을 적었다. 광양 옥련사에도 도선 국사의 비가 있었다고 하는데 없어지고, 도갑사 비가 도선의 행적을 말해주는 유일한 비석이다. 국사전에는 도선 국사와 수미 국사의 진영을 모셨다.

미륵전에 고려 초기에 조성된 것으로 보이는 석조여래좌상이 봉안되어 있다. 비교적 보존상태가 양호하며 눈코입이 조화를 이루고 있다. 상호는 원만형이고 나발에 육계가 솟아 있다.

도갑사의 관음 32응신도는 일본 교토 지은원에 소장되어 있다. 이 불화는 1550년 금당에 봉안했다는 연대가 확실한, 하나밖에 없는 관음 32응신도다. 구도와 색채가 뛰어나다는 점에서 유명하다. 1993년 호암갤러리에서 '고려불화특별전'을 할 때 고국에 잠깐 돌아와 감동과 아쉬움을 주고 돌아갔다. 어떤 사연으로 일본에 갔는지 온갖 궁금증을 자아낸다.

임진왜란 때 왜병들은 우리의 선진문화를 접하고 약탈해 갔고, 왜정 때도 국보급 문화재를 수탈해 갔다. 지금 일본에 약탈당한 문화재가 도대체 얼마인지 정확한 통계조차 잡지 못하고 있다. 고려시대 수월관음도만 해도 일본에 100여 점이나 있다하니 우리가 가진 것보다 일본에 몇 배나 더 많이 남아있다.

왕인박사 진영

1994년 일본 동경대학교에서 1년간 연구교수로 머물 때 일이다. 후쿠이(福井)에 있는 조동종 본찰 에이헤이지(永平寺)를 방문하였다. 영평사 박물관을 둘러보는데 거기에 수월관음도가 걸려있었다. 수월관음도를 보는 순간 그 앞에서 발걸음이 떨어지지 않고 굳어버렸다.

우선은 너무나 아름다운 자태, 완벽한 조화, 그 분위기가 감싸 안아 마음이 평화롭고 아늑함을 느꼈다. 그리고 이내 커다란 의문이 엄습해왔다. 어떻게 해서 이 관음도가 여기에 오게 되었을까? 온갖 생각들이 스쳐 지나가고 복합적인 감정에 휩싸여 한동안 장승처럼 서있었다.

내 행동이 이상해 보였는지 전시실을 지키는 여직원이 다가와 말을 붙일 때에야 비로소 현실로 돌아왔다. 내가 한국에서 왔다는 사실을 이야기 하고 사진을 찍고 싶다고 하니 잠시 기다리라고 말하고 나갔다. 어딘가 다녀온 관리인은 허락을 받았다며 사진을 찍으라고 말했다. 우리 문화재를 허락받고 촬영하게 된 현실이 쉽게 받아들여지지 않았다.

도갑사에서 4km 떨어져 일본에 천자문과 논어를 전해 아스카(飛鳥) 시대를 연 왕인 박사 유적지가 있다.

남해안 108
성지순례

며 신앙도 변하고 있음을 절감
한다.

탑의 뒤편으로 넓은 밭이 있
다. 산기슭이 끝나는 자리 넓은
밭에 금당이 있었을 것이다. 앞
쪽을 내려다보니 너른 들판이
멀리까지 한 눈에 들어온다.

이곳은 고려 1016년(고려 현
종 7년)에 오동사를 지으면서
탑도 세운 것으로 전한다. 탑의
형식은 2단으로 된 기단 위에 5

봉천리 오층석탑(보물 제1115호)

층의 탑신을 쌓아 올렸다. 탑의 상륜부는 노반석만 남아있다. 탑의 조형
이 안정되어 편안하고 아름다운 느낌을 준다.

바닥 기단은 쓸려온 흙에 파묻힌 듯 낮아 보인다. 위층 기단의 남쪽 면
에는 보살상을 돋을새김으로 조각하였다. 비록 마모는 되었으나 금방이
라도 걸어 나올 듯 생동감이 느껴진다. 탑신은 각층의 몸돌과 지붕을 하
나의 돌로 새겨 쌓았다. 1층의 몸돌은 4장의 판석을 사방으로 쌓아서 구
성하였다. 각층의 몸돌마다 한쪽 모서리에만 기둥을 본뜬 모양의 우주
를 새겼다. 중간에도 버팀기둥인 탱주를 도드라지게 조각하였다. 지붕
돌은 전체적으로 두터워 보인다. 처마는 네 귀퉁이에서 힘차게 치켜 올
라 시원스럽다. 처마돌인 옥개석의 네 귀퉁이에 작은 구멍은 풍경을 달
았던 것으로 보인다.

보성 천봉산

대
원
사

대원사는 보성군 문덕면 죽산리 천봉산 깊은 골짜기에 자리한 아기자기한 절이다. 대원사를 품은 천봉산은 해발 609m로 순천시와 보성군, 화순군의 경계를 이루는 남도의 명산이다.

대원사까지 가는 길은 주암호를 끼고 걷기 때문에 지루함을 덜어준다. 죽산교부터 대원사까지 약 5.5km는 '한국의 아름다운 길 100선'에 선정될 정도로 유명하다. 벚꽃 필 무렵에는 하루에 천 명이 넘는 관광객이 찾는 길이라고 한다.

대원사는 신라에 불교를 처음 전한 것으로 알려진 아도화상에 의해 창건되었다는 설화가 전한다. 아도가 처음 신라에 불교를 전한 곳은 경상북도 선산 도리사다. 아도가 백제까지 불교를 전하고 절을 지었다는 이야기는 어디까지나 설화일 뿐이다. 대원사 창건은 아도 창건 설화에 따르면 503년(백제 무령왕 3년)이다. 그런데 〈대원사기〉(1767년)에 따르면 절의 창건이 494년으로 기술되어 있다.

대원사는 고려와 조선시대를 지나며 여러 차례 중건과 중창을 거듭했다. 해방 이후까지 극락전을 비롯해서 당우와 산내 암자가 여럿이었는데, 여순사건(1948년)과 6·25를 거치며 극락전을 제외한 모든 전각이 불타버렸다.

절이 지금의 규모를 갖춘 것은 1990년 현장 스님이 '대원사복원불사추진위원회'를 결성하면서 시작되었다. 특히 1993년 태안(胎安)지장보살과 육지장보살 및 108 동자상을 봉안하면서 영가를 천도하는 사찰의 모습으로 탄생하였다. 태안지장보살은 태령지장보살이라고도 한다. 세상에 태어나지 못한 채 목숨을 잃은 태아들의 영혼을 천도하는 지장보살이다. 절의 곳곳에 빨간 모자를 쓴 태령동자상이 있다. 태령동자 신앙은 특히 일본에서 미즈꼬(水子) 신앙으로 널리 전한다. 일본 절에 가면 빨간 턱받이를 한 동자상을 많이 볼 수 있다.

대원사는 복원불사를 지금도 벌이고 있다. 한국전쟁으로 모두 불타고 남은 극락전(전라남도 유형문화재 제87호)에는 아미타여래를 관음보살과 대세지보살이 협시하고 있다. 불화로는 아미타후불탱·칠성탱·신중탱화가 있다. 벽화로는 백의관음보살과 혜가단비 달마대사 벽화(보물 제1861호)가 대칭으로 배치되어 있다. 서쪽 벽의 백의관음보살 벽화는 기암괴석과 대나무를 배경으로 파도 위 연화대좌 위에 관음보살이 앉아있다.

일반적으로 수월관음보살도에는 선재동자가 관음보살 무릎 아래에

대원사 백의관음벽화(보물 제1861호)

그려지는데, 여기서는 동자가 관음보살의 뒤편에서 청조(파랑새)를 안고 있다. 영험설화에서 관음보살은 청조로 화현하는 경우가 많다. 반대편 동쪽 벽에는 제자로 받아달라고 팔뚝을 잘라 결기를 보였다는 '혜가단비' 고사를 그렸다. 달마대사는 큼직하게 그리고 혜가를 작게 그려 달마의 모습을 더욱 부각했다.

극락전의 왼편에 대원사를 중창한 자진원오 국사의 팔각원형 부도(전라남도 유형문화재 제53호)가 온전한 모습으로 세워져 있다. 부도탑에는 보살상과 사천왕상을 조각하였다.

대원사에는 '티벳박물관'과 '수미광명탑'이 있다. 인터넷 지도에서 박

3장

장흥, 나주, 화순, 보성의 전통 사찰 순례 길

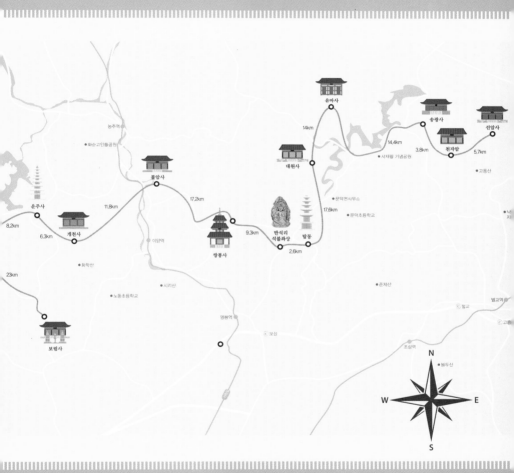

영암 월출산 도갑사 ⇨ 36.5km ⇨ 장흥 가지산 보림사 ⇨ 23km ⇨ 나주 덕룡산 불회사 ⇨ 8.2km ⇨ 화순 영구산 운주사 ⇨ 6.3km ⇨ 화순 천태산 개천사 ⇨ 11.8km ⇨ 화순 용암산 불암사 ⇨ 17.2km ⇨ 화순 사자산 쌍봉사 ⇨ 9.3km ⇨ 보성 반석리 석불좌상 ⇨ 2.6km ⇨ 보성 봉천리 탑동 오층석탑 ⇨ 17.6km ⇨ 보성 천봉산 대원사 ⇨ 14km ⇨ 화순 모후산 유마사 ⇨ 14.4km ⇨ 순천 조계산 송광사 ⇨ 3.8km ⇨ 순천 조계산 천자암 ⇨ 5.7km ⇨ 순천 조계산 선암사 ⇨ 16.3km ⇨ 낙안 금전산 금둔사

| 030 |

장흥 가지산

보
림
사

도갑사에서 다음 순례지 보림사까지는 약 41km나 떨어져 있다. 따라서 숙박을 어디서 할 것인지 먼저 생각해 두어야 한다.

도갑사에서 템플스테이를 하지 않을 경우 절 아래 모텔이나 영암읍에서 1박을 하는 게 좋다. 영암읍에서 보림사까지 가는 거리도 32km나 된다. 보림사 14km 전쯤 유치면 반월리에 농어촌 민박단지가 있다. 보림사 가는 길은 마을도 띄엄띄엄 있어서 길이 한적하고 산길을 굽이굽이 돌아가야 하니 적막하기까지 하다. 장흥댐을 지나가는 길은 절경이기는 해도 인내심이 필요하다.

산고개 길을 오르며 문득 고산자 김정호라는 이름이 떠올랐다. 조선 팔도를 몸소 걸으며 실측하고 '대동여지도'를 만들었을 것이다. 자연경관을 유람하며 걷는 길이 아니라, 거리를 재면서 걸었을 고산자를 생각

남해안 108 성지순례

하니 새삼 존경심이 솟는다. 얼마나 힘들게 외로운 산길을 걸었으면 호를 고산자라 지었을까. 옛 고자 고산자(古山子)아니라 외로울 고자 고산자(孤山子)가 그의 호가 아닐까라고 잠시 생각했다.

보림사를 10km 남겨두고 유치면 사무소가 있다. 시골의 면 소재지라서 그런지 마을 규모도 작다. 길옆에 '정다방'이라는 간판이 보인다. 내가 대학 다니던 1970년대 다방 이름 중에 '정다방'이라 불리는 다방이 제일 많다는 기사를 본 적이 있다. 요즘은 '커피숍'이나 '카페'라는 외래어가 판을 치는 세상이다. 그래서인지 '정다방'이라는 이름이 친근하고 정감 있어 보인다.

보림사 삼층석탑과 석등(국보 제44호)

보림사는 인도 가지산 보림사, 중국 가지산 보림사와 더불어 동양 3대 보림사로 일컫는다. 이 절은 통일신라 말기에 가장 먼저 선종을 일으킨 가지산문의 중심 사찰이었다. 보림사는 860년 체징(804~880년)이 창건한 것으로 알려져 있다. 〈신라국가지산보림사사적〉(1457년)에 의하면, 화엄경에 밝았던 원표가 머물렀다 한다. 보조 선사의 비문에도 원표가 보림사에 머물며 왕명으로 장생표를 세웠다(759년)는 기록이 있다. 체징은 화엄 사찰인 이곳에 새로 들어온 선종을 받아들여 선종 사찰로 바꾼 스님으로 보인다.

이후 고려 후기까지 사세를 유지하다가 조선 초기 억불정책으로 점차 기울었다. 조선 후기 〈보림사사천왕중수공덕기〉(1780년)에는 사천왕상이 중수되었음을 알리고 있어서 명맥은 유지한 것으로 추정된다. 6.25전란 때 공비들이 방화하여 일주문과 천왕문 및 영각을 제외하고 모두 불타 없어졌다. 1982년 철안 스님이 대웅전을 복원하는 중창불사를 시작으로 여러 전각을 지어 점차 옛 모습을 되찾아 가고 있다.

보림사에는 철조비로자나불좌상(국보 제117호), 삼층석탑과 석등(국보 제44호), 보조선사창성탑(보물 제157호)과 탑비(보물 제158호), 동부도(보물 제155호) 같은 국보와 보물 등 많은 문화재가 남아있다. 절 이름이 보림사(寶林寺)인 것은 아마도 이같이 많은 보물을 간직한 절이 될 것을 미리 알고 지은 이름일까.

대웅전에는 석가모니불을 좌우로 관음보살과 대세지보살을 봉안했다. 대적광전은 6·25전쟁 때 불타고 1970년 해안 스님이 축소하여 복원하였다. 화재 때 철조비로자나불상이 훼손되지 않은 게 얼마나 다행인가. 비로자나철불 좌상은 광배와 대좌가 사라지고 불신만 남아있다. 이 불상은 보조선사 생존 당시 858년에 조성했다는 명문이 있다. 불상은 건장한 기풍에 안정된 모습을 가지고 있다. 옷주름은 양쪽 어깨를 모두 덮는 통견으로 두 팔에 걸쳐서 무릎으로 흘러내리는 형태다. 불상의 양

보림사 동부도(보물 제155호)

식은 철원 도피안사 · 축서사 · 은적사 철불처럼 지권인 상을 맺고 있다.

보림사 삼층석탑과 석등은 그 형태가 온전하게 남아있고 절에 안정감을 준다. 1933년 도굴꾼이 탑을 무너뜨린 일이 있었는데도 손상되지 않았다. 탑을 해체 복원할 때 사리장엄구와 함께 탑지가 발견되어 탑의 조성 연대와 중건 사실을 알 수 있다. 탑지에 따르면 이 탑은 경문왕이 선왕인 헌안왕의 극락왕생을 위해서 세웠다고 한다. 석등도 온전한 상태로 보존되고 있다. 4각의 지대석 위에 8각의 하대석을 얹고 복련을 올렸다.

보림사 철조비로자나불상(국보 제117호)

기둥과 화사석은 8각이며 사면에 창을 내었다. 옥개석은 넓게 조화를 이루고 지붕이 약간 치켜올린 형태다.

보조선사창성탑은 보조 선사의 부도탑이다. 높이가 4.1m나 되는 거대한 규모다. 이 탑은 화순 쌍봉사 철감선사징소탑(국보 제57호)과 유사하다. 장식 문양은 쌍봉사 부도보다 단조롭다. 부도탑 앞에 서 있는 탑비는 높이가 3.6m로 귀부와 이수 탑신이 모두 온전하게 남아있다. 탑비 역시 철감선사탑비처럼 거북이가 여의주를 물고 있는 모습이 유사하여 그 영향을 받은 듯하다.

1971년 보수공사 때 사천왕상에서 150여 점의 불서가 나왔다. 이 중에 국어사 연구의 중요한 자료인 《월인석보》 제17권이 포함되어 있다. 1995년 보림사를 정밀조사할 때도 사천왕의 팔과 다리 부분에서 많은 복장물이 발견되었다. 특히 1400년대부터 1700년대까지 간행된 서적 210책이 발견되었다.

보림사에는 부도밭이 두 곳으로 나뉘어 있다. 하나는 보림사로 들어가는 입구 오른쪽에 있는 동부도 밭이다. 이 부도밭에는 맨 위쪽에 있는 부도(보물 제155호) 외에 6기의 부도가 있다. 서부도는 보림사의 서쪽 마을 민가에 2기의 부도(보물 제156호)가 있다. 고려시대에 조성된 것으로 추정된다. 남쪽의 부도는 조각의 기법이 섬세하고 아름다우며 안정감이 있다. 북쪽 탑은 옥개석이 조금 떨어져 나갔으나 상륜부는 비교적 잘 남아있다.

| 031 |

나주 덕룡산

불
회
사

    보림사에서 불회사 가는 길은 28km나 된다. 봉덕1구 회관에서 대천리까지 자동차 전용도로로 가면 21km로 줄어들기는 한다. 그런데 터널을 두 개나 지나야 한다. 시골이라 차량 통행은 적은 편이다. 터널을 지날 때는 인도 확보가 안 되어서 위험을 늘 감수해야 한다. 보림사에서 10km 떨어진 대천리에 펜션이 있다. 불회사 못미처 6km 떨어진 용강리에 '운주골문화체험학교'가 있어서 예약하면 숙박도 가능하다. 다행히 불회사에서는 템플스테이를 할 수 있다.

    불회사 창건에는 두 가지 설이 있다. 하나는 인도의 마라난타가 384년(침류왕 1년)에 창건했다는 설이다. 마라난타는 인도 북부 간다라 지방에서 중국 동진을 거쳐 백제로 들어와 처음 불교를 전했다. 마라난타는 배를 타고 법성포로 들어와 불갑사를 세우고 불회사도 지었다고 한

불회사 진여문과 사천왕문

다. 그래서 불회사로 들어가는 산문의 현판에는 初傳聖地德龍山佛會寺(초전성지덕룡산불회사)라고 쓰여 있다.

또 다른 창건설은 367년(근초고왕 22년)에 회연 조사가 창건했다는 설이다. 뒤에 713년(성덕왕 12년) 연기 조사가 중창했으며, 고려 말 원진 국사가 중건했다는 설도 있다. 원진 국사가 중건할 때 국사의 도움을 받은 호랑이가 은혜를 갚기 위해 안동에서 시주를 얻어 대웅전을 중건하였다 한다. 대웅전 상량식을 하려는데 해가 넘어가려 하자, 국사가 산꼭대기로 올라가 기도를 하여 지는 해를 붙잡아 두고 상량식을 마칠 수 있었다는 이야기도 전한다. 스님이 기도하던 자리가 바로 일봉암이다.

절은 세 차례나 불이 나서 그때마다 중창이 이루어졌다. 불회사 근처에서 500나한의 일부로 보이는 석조불상 200여 구가 발견되었다. 불회사는 절로 들어가는 입구의 구조가 특이하다. 계곡에 무지개다리를 놓

고 일주문과 진여문을 잇대어 세웠다. 일주문 · 진여문 · 사천왕문을 겸
하도록 지은 것이다.

대웅전(전라남도 유형문화재 제3호)은 1808년 세 번째 화재 뒤에 지
었다. 대웅전 석축 앞에는 3개의 괘불대와 당간지주가 있다. 대웅전 내
부는 우물천장을 높게 하여 넓은 공간에 생동감 있는 용의 조각을 달았
다. 대들보 위 양쪽으로 용머리를 조각했는데, 오른쪽 용은 잉어를 문 형
상이다.

불단에는 중앙에 비로자나불을 모시고 협시불은 관음보살과 대세지
보살이다. 비로자나불을 모신 전각은 대개 비로자나불 한 분만 모시면
비로전, 화엄전이라 하고, 협시불로 노사나불이나 석가모니불을 모시면
대적광전, 대광명전이라 한다. 그런데 이곳은 비로자나불을 모시고 대
웅전이라는 현판을 달았다. 후불탱은 불단과 다르게 석가 · 아미타 · 비

불회사 대웅전(보물제1301호)

로자나불 탱화를 걸었다. 그 밖의 전각으로 명부전 · 삼성각 · 영산전 ·
요사 등이 있다. 영산전에 절의 중창주로 알려진 원진 국사 진영이 있다.

산문을 지나 절로 들어가는 길 양옆으로 석장승(중요민속자료 제11
호)이 있다. 석장승은 수호신 또는 경계표시나 이정표를 나타내는 민속
적 기능을 갖는다. 불회사 석장승은 운흥사의 석장승과 기법이 유사하
다. 운흥사 장승이 만들어진 때가 1719년이므로 전후에 세운 것으로 추
정된다.

032

화순 영구산

운주사

운주사는 천불 천탑으로 이름난 절이다. 운주사에 탑과 불상이 많은 것도 눈길을 끌지만, 탑과 불상의 형태가 특이한 모습을 갖추고 있다는 점이 더 관심을 끌게 한다.

40여 년 전, 내가 운주사를 처음 찾았을 때 받은 놀라운 느낌은 신비함 이었다. 지금처럼 길이 잘 닦여 있지 않고 좁은 비포장 황톳길이어서 차 가 지나가면 흙먼지가 날렸다. 사찰 경내도 제대로 정돈되지 않고 사람 의 그림자도 보이지 않아 으스스한 기분까지 들었다. 마치 타임머신을 타고 백 년쯤 뒤로 돌아와 절을 방문한 느낌이었다.

원형탑을 처음 이곳에서 보고 네모난 탑만 알고 있던 탑에 대한 고정 관념이 깨졌다. 탑을 다듬은 기법도 거칠고 기하학적 문양을 넣은 것도 놀라움이었다. 불상의 형상도 이목구비가 단정하지 않고 투박하게 조각

하여 역시 불상에 대해서 내가 알
고 있던 관념을 깨뜨렸다.

와불이 누워있는 곳에 가려면 숲
속 길을 헤치고 힘들게 산길을 올
라가야 했다. 전설 속의 숲길을 오
르며 산꿩이 후드득 날아갈 때 오
싹 머리카락이 곤두서는 느낌도
받았었다.

40년 뒤 다시 찾은 운주사는 또
다른 세상에 내가 와 있음을 느끼
게 한다. 처음 왔을 때가 꿈속 세상

운주사 9층탑(보물 제796호)

이었다면, 지금은 잠에서 깨어 두 눈을 뜨고 현실을 보는 느낌이다. 전설
에 따르면 운주사는 통일신라 말기 도선 국사가 창건하고 하룻밤 사이에
천불 천탑을 세웠다 한다. 운주사 창건 설화에 도선 국사가 등장하는 데
는 풍수지리설이 연관되어 있다. 도선 국사는 전국 각지에 비보사찰, 그
러니까 지세를 보완하도록 절과 탑을 세웠다. 운주사도 지형이 배와 같
은 형국이므로 탑과 불상을 세워 땅의 기운이 흘러가지 못하게 막는다는
풍수지리설에 바탕을 두고 있다.

전남대학교 박물관에서 발굴하여 정리한 보고서에 따르면, 이 절의 창
건은 고려 초기이고 천불 천탑의 조성은 고려 중기 이후라고 한다. 불상
과 탑의 형태로 미루어 보아 고려 중기 이후에 전성기를 맞았을 가능성
을 짐작할 수 있다. 왜냐하면 13~14세기 무렵 고려불교는 신비 사상이

운주사 불감(보물 제797호)   운주사 원형다층탑(보물 제798호)

유행하고, 지방에서 결사운동이 일어나 불교가 토착화하는 특징을 갖기 때문이다.

운주사지 일원은 사적 제312호로 지정되었다. 현재 경내에는 석불 93구와 석탑 21기가 남아있다. 현재 크고 작은 여러 형태의 불상들이 산과 계곡에 흩어져 있다. 운주사 불상의 특징은 토속적인 얼굴 모양에 어색하고 균형 잡히지 않은 팔과 손, 다듬어지지 않은 둔중한 기법이 특징이다. 석탑들도 골짜기는 물론 산등성이 여기저기 흩어져 있다. 사각형 탑만 아니라 원반형 탑 같은 특이한 모습도 가지고 있다.

탑의 크기는 칠층탑이 많고 3, 5, 4, 9층으로 된 탑들도 보인다. 사각형 탑들도 너비가 좁고 탑신이 높으며 옥개석이 평면적이다. 또 하나 눈길을 끄는 특징의 하나는 탑신에 기하학적 무늬를 돋을새김과 선으로 표현하고 있는 점이다.

커다란 바위에 불상 두 구를 새긴 와형 석조여래불(전라남도 유형문화재 제273호)은 왼쪽 산등성이에 있다. 도선 국사가 하루에 천불 천탑을 만들어 세우려 했는데, 장난기 많은 동자승이 "꼬끼오." 하고 닭 울음소리를 내는 바람에 일으켜 세우지 못한 채 지금까지 누워있다는 전설이 흥미롭다.

와불이 있는 등성이로 오르는 오른쪽에 미륵불상이 한 구가 서 있고, 골짜기 건너 큰 바위 아래 빈 공간에 불상들이 있다. 그 불상들은 다듬다가 그친 것 같기도 하고 넘어질 듯 위태롭게 서 있기도 하다. 불상 무리 뒤쪽 산등성이 소나무 사이로 2기의 석탑이 아름답다.

와불로 올라가는 중간에 칠성바위가 있다. 안내판을 붙여놓기는 했어도 눈에 잘 띄지 않아서 스쳐 지나갈 수 있다. 7개의 큰 암석을 원형으로 다듬어 북두칠성처럼 배치하고 있다. 칠성바위는 칠성신앙과 연결 지어 생각할 수 있다. 사찰에 칠성각이 있는 것은 불교가 이 땅에 들어와 뿌리를 내릴 때, 도교의 칠성신앙을 수용하여 남은 흔적이다.

마찬가지로 우리의 고유한 산신신앙을 받아들여 산신각을 대웅전보다 높은 자리에 지었다. 칠성각이나 산신각은 토착신앙과 융화하는 불교의 성격을 잘 드러낸다. 이처럼 사찰의 구조를 보면 불교는 배타적인 종교가 아니고 포용적 특성을 잘 드러내는 종교인 것이다.

보물 제798호로 지정된 원형 다층석탑은 우리나라에서 보기 드문 탑이다. 하나의 돌로 된 거북이 모양의 지대석 위에 원형의 탑을 세웠다. 기단석은 5개의 돌을 조립해서 8각을 이루고 원형의 갑석에는 연꽃을 선으

로 표현했다. 원형의 탑신과 옥개석을 하나의 돌로 만든 것도 특징이다.

보물 제797호인 석조불감도 흔히 볼 수 없는 유물이다. 불감이란 불상을 모시기 위해 만든 집이나 방을 뜻한다. 불감은 대개 나무로 조각하며 작게 만들어 휴대하기 편하게 만든다. 그런데 운주사는 야외에 크게 석조불감을 만들었다. 불감은 앞뒤로 두 불상이 등을 맞대고 앉은 형태다. 그리고 앞뒤로 탑을 세워 각기 불당의 역할을 하도록 구성했다. 이러한 불감은 대원사에서도 볼 수 있다.

석조 불감 앞 칠층석탑(전라남도 유형문화재 제276호)은 작고 낮은 지대석 위에 1단으로 괴임하여 탑을 세웠다. 옥개석의 폭과 탑신의 높이가 전체적으로 안정감을 준다.

광배석불좌상(전라남도 유형문화재 제274호)도 눈에 띄는 유물이다. 광배석불좌상은 운주사 석불 가운데 마애여래좌상과 함께 광배가 표현된 불상이다. 불상의 몸체는 광배에서 약간 도드라지게 표현하였다. 손 모양과 코, 눈썹과 귀는 양각하였다. 상호는 원만하며 눈썹을 눈 위로 약간 높게 표현하고 코와 입술이 두툼하다.

운주사에 들어서면서 첫눈에 들어오는 탑이 9층탑(보물 제796호)이다. 이 탑은 전체 높이가 13m로 운주사에서 가장 높은 탑이다. 지대석으로 자연암석을 활용한 점도 특이하다. 거대한 지대석 위에 4장의 돌로 짠 기단을 놓고 탑신부를 올렸다. 기단에는 모서리에 기둥 모양을 새기고 덧대어 기둥을 세웠다. 탑신부의 몸돌도 4개의 돌로 짜고 모서리에 기둥을 조각했다. 각 면에 이중의 마름모꼴을 새기고 그 안에 꽃 모양을 조각했다. 기단의 갑석과 지붕돌 아래에 기하학적 선을 새겨 넣고 탑의 상륜부는 원주형 돌과 보륜을 얹었다.

033

화순 천태산

개
천
사

개천사는 천연기념물 제483호로 지정된 비자나무 숲이 절을 감싸고 있다. 절 입구에 군락을 이룬 비자나무 숲이 이 절의 역사를 말해준다. 비자나무는 잘 자라지 않는 성질이 있어서 이 정도 크기로 자라려면 몇 백 년은 넘어야 한다.

고작 100년도 못 사는 인간에 비하면 얼마나 많은 풍상을 견디며 이 자리를 지키고 있었을까? 나무 아래 서니 저절로 고개가 숙여진다. 사람들은 '백년도 못 살면서 천년을 살 것처럼' 욕심을 부리고 오만하다. 인간의 끝없는 욕망과 어리석음을 일깨워 주는 이 말은《명심보감》에 나오는 말이다.

나훈아의 '공(空)'이라는 노래도 이러한 불교적 사유를 담아 경계하고 있다.

살다 보면 알게 돼. 일러주지 않아도.
너나 나나 모두 다 어리석다는 것을.
살다 보면 알게 돼. 알면 웃음이 나지.
우리 모두 얼마나 바보처럼 사는지.
잠시 왔다 가는 인생. 잠시 머물다 갈 세상.
백년도 힘든 것을 천년을 살 것처럼.
살다 보면 알게 돼. 버린다는 의미를.
내가 가진 것들이 모두 부질없다는 것을.
살다 보면 알게 돼. 비운다는 의미를.
내가 가진 것들이 모두 꿈이었다는 것을.

불교에서는 제행무상(諸行無常)이고 제법무아(諸法無我)며 일체개공(一切皆空)이라고 가르친다.

이 가르침은 세상에 영원한 것은 없고, 존재하는 것들은 인연 따라 오가므로 본래 내 것은 없으며, 모든 현상은 실체가 없다는 것이다.

천태산 동남쪽 기슭에서 자라고 있는 이곳 비자나무 숲은 약 1,000그루의 비자나무가 군락을 이루고 있다. 가장 큰 나무는 수령이 400

400년 된 비자나무

년 정도로 추정되며, 줄기 둘레가 3.8m, 높이 16m, 폭은 18m에 달하는 거목이다. 비자나무가 천연기념물로 지정된 곳은 이곳이 유일하다. 예로부터 비자나무는 귀하게 여겨져서 민가에서 많이 심었다. 열매는 구충제로 쓰거나 기름을 짜서 식용유·등유·도료로 이용하였다. 목재는 건축재·조선재·가구재나 바둑판 등 여러모로 유용하게 사용하였다.

개천사의 규모는 크지 않고 아담하다. 이 절은 828년(흥덕왕 3년) 무렵 도의 선사가 중국에서 돌아와 장흥 보림사를 세운 뒤에 이어서 창건한 것으로 전한다. 또는 도선 국사가 창건했다고도 말한다. 정유재란 때 불타 폐사된 것을 중창하였다. 〈개천사중수상량문〉에 따르면 1907년(융희 1년)에 호운 스님이 중건했다. 일제 강점기에는 용화사라고 부르다가 근래 다시 개천사로 이름을 바꾸었다.

절에는 대웅전과 천불전이 있고 스님들이 기거하는 요사가 있다. 절로 들어서는 입구에 부도 4기가 있다. 여기 부도 밭은 왠지 쓸쓸함을 더한다. 부도 밭을 지나 무지개다리를 건너면 석불여래입상이 있다. 절 입구 길목에 목장승이 서서 길목을 지킨다. 몇 년 전에 옥불이 출토된 적이 있는데, 지금 어디에 있는지 소재를 알 수 없다고 한다.

034

화순 용암산

불
암
사

개천사에서 불암사까지 거리는 12km다. 계곡의 논길과 임도를 따라
가는 길은 평화롭다. 절 아래 마을 우봉리까지는 비교적 편하게 갈 수 있
는데, 우봉리부터 절로 올라가는 길은 조금 가파른 산길이다. 마지막 가
파른 산길을 올라가면 용암산 중턱에 불암사가 있다. 불암사에서 내려
다보면 일망무제로 시야가 트여서 피로가 한 방에 날아간다. 절 뒤편으
로 주상절리가 병풍처럼 펼쳐져서 절경을 연출한다.

불암사 자리에는 조선시대까지 용암사가 있었다. 도선 국사가 이곳에
서 보름 동안 기도하면서 산에 바위가 없는 것을 애석해하자 땅속에서
바위가 솟아올라서 산 이름을 용(聳, 솟을 용)암(巖, 바위 암)산이라 했
다. 바위가 병풍처럼 둘러싸고 그곳에 관음보살이 나타나 그때부터 관
음보살이 상주하는 관음성지가 되었다고 한다. 용암산 이전에는 금빛 자

라를 뜻하는 금오산(金鰲山)이라 불렸다. 이산에는 금오산성을 쌓은 금오산성터의 흔적이 아직도 남아있다.

《여지도서》(1757년)라는 지리서에는 능주 동쪽 금오산에 용암사가 있다고 기록하였다. 그러다가 《호남읍지》 (1897년)에는 용암사가 폐사된 것으로 기록되어 있다. 1987년 주지 현산 스님이 용암사 절터에 법당과 요사를 건립하며 불암사라고 이름 지었다. 절 이름을 불암사라 한 것은 산등성이 너머

보관 쓴 관음보살 형상 입석

5km 되는 곳에 새로 절을 지으며 먼저 용암사라는 옛 이름을 썼기 때문이다. 지금 용암사 자리에는 조선시대에 금오사라는 절이 있었다.

앞서 2020년 12월, 1차 순례 길에 들렀을 때 절에는 인기척도 없어서 쓸쓸하기까지 했다. 무너져 내릴 듯 낡은 집과 임시로 지은 요사채만 겨울 찬바람을 맞고 있었다. 이듬해 5월, '부처님오신날'을 앞두고 2차 순례 길에도 스님은 보이지 않았다. 푸르게 녹음이 우거져 찬바람이 일지는 않았으나 인기척이 없으니 쓸쓸하기는 마찬가지다.

대웅전에 참배하고 하산하려고 절을 떠나는데 자동차 한 대가 오르더니 스님이 내렸다. 스님이 반기며 차라도 한잔하고 가라고 권했다. 그러나 다음 절까지 가려면 시간이 늦을 듯해서 사양하고 떠나려는데, 잠깐 따라오라고 이끈다. 몇 걸음 옮겨 멀리 바위산을 가리켰다.

　스님이 가리키는 곳에는 관세음보살 형상의 바위가 또렷이 서 있다. 보관을 쓴 모습이 영락없는 관세음보살이다. 관음보살이 주처하고 있는 바위 아래에 절을 지었으니 절의 이름을 불암사라고 지은 연유를 알겠다. 불암사에는 대웅전 · 약사전 · 삼성각 · 요사가 있다. 약사전에는 석조약사여래상을 모셨다. 삼성각에는 칠성탱 · 산신탱 · 독성탱화가 있다.

　판넬로 지은 요사채는 고시를 준비하는 사람들이 묵었던 곳이라 한다. 요즘은 고시 공부도 도심에서 하므로 산속 절들이 의지하던 수입원이 끊긴 셈이다.

035

화순 사자산

쌍
봉
사

운주사에서 개천사를 거쳐 불암사까지 부지런히 가면 하루거리다. 불암사에는 템플스테이가 없지만 미리 연락하면 주지스님이 숙소를 제공하겠다고 약속했다. 불암사에서 쌍봉사도 꼬박 하루를 걸어야 하므로 템플스테이를 이용하면 숙박 걱정은 해결된다.

1차 순례 길에서 쌍봉사에 도착한 날은 12월 31일 오후 늦은 시간이었다. 템플스테이가 있는 사찰이라서 방이 있을 줄 알았는데 모두 예약되어서 방이 없단다. 해는 저물어 가는데 다음 방문지는 절이 아니고 반석리 석불좌상을 순례하는 길이라서 그야말로 난감했다.

화순 읍내로 나가야 숙소가 있다는 말에 택시를 부를 요량으로 일단 절부터 둘러보기로 했다. 사진을 찍고 마지막으로 철감선사탑을 보고 내려오니 날은 이미 어둑어둑했다. 그래서 다시 종무소로 가서 좋은 방이 아

철감선사부도탑비(보물 제170호)

니어도 좋으니 구석방이라도 없느냐고 물었다.

나이가 중년쯤 되는 보살이 "방이 하나가 있기는 한데…." 라며 말꼬리를 흐린다. 잠만 자게 해달라고 말하니, 그제야 "처사님 보내고 나서 마음에 걸렸다."며 방을 하나 마련해 주었다. 방이 생긴 사연은 신도들 대여섯 명이 철야정근을 하기 위해 예약한 방 중에서 하나를 내준 것이다. 아무튼 쌍봉사 부처님이 섣달그믐날 밤을 절에서 묵게 해주어 감사할 따름이다. 쌍봉사에서 섣달그믐날 밤을 보내고 새해 첫날 아침에 떡국까지 대접받았다.

방은 세면실에 화장실을 넣어서 도시생활에 익숙한 사람들이 거부감 없이 지내도록 지었다. 예전엔 절에서 묵으려면 외딴곳에 재래식 화장실을 이용하는 것이 여간 불편하지 않았다. 템플스테이가 정착하면서 도시인을 위해 화장실을 개선한 점은 다행이다.

남해안 108 성지순례

절 앞에 사자산의 두 봉우리가 쌍봉을 이루므로 절 이름을 쌍봉사라 지었다 한다. 또 다른 이야기는 철감선사가 중국 소주 쌍봉사에서 수행하며 도를 깨치고 귀국한 뒤, 중국의 쌍봉사를 잊지 못하고 쌍봉사라 불렀다는 설도 있다. 철감 선사는 이 절에서 구산선문의 하나인 사자산문의 기초를 마련하였다.

절에 오르는 계단 앞 연못가에 고려의 문장가인 김극기가 절에 와서 남긴 시를 새긴 판석이 있다.

쌍봉사 삼청각에서 읊다

시냇물 사이로 멋들어지게 지은 다리 누각이여
삼청 글씨를 보니 눈이 맑고 시원하구나.
연못에 달 비치니 고기들의 맑은 거울이요
산봉우리 구름 걷히니 학의 둥지 너그럽네.
금빛 뜰에 머문 안개 항상 서기를 드러내고
옥빛 계곡에서 부는 솔바람 언제나 차가워라.
난간에 기대어 처마 아래 흐르는 물 다시 보니
낙화도 뜻이 있는지 잔물결 따라 좇아가네.

김극기는 고려 때의 문인이다. 벼슬에 연연하지 않고 세상을 고뇌했던 지식인이었다. 쌍봉사 삼청각에서 주변의 정취를 읊었는데 당시에도 이 연못이 있었던 모양이다. 삼청각은 도교적 명칭이다. 절에 도교적 전각이 있었던 배경이 궁금하다. 당시 유불도 3교의 경계를 넘나들던 사상계의 융섭을 보여주는 현상일까.

현재 쌍봉사에는 대웅전·극락전·명부전·범종각·해탈문·템플스테이를 할 수 있는 요사 등의 건물이 있다. 중요문화재는 철감선사탑(국보 제57호)과 철감선사탑비(보물 제170호)가 있다. 대웅전이 있었으나 한국전쟁으로 불탔다. 지금 대웅전은 특이한 구조로 되어 있다. 총 높이 12m의 정방형 건물인 이 대웅전은 3층 목탑 형식이다. 법주사 팔상전과 함께 현재 남아있는 목탑 형태의 중요한 건물이다.

대웅전에 봉안된 불상도 흔히 볼 수 없는 형식이다. 목조삼존불상(전라남도 유형문화재 제251호)은 석가모니불 좌우로 아난존자와 가섭존자가 보처로 되어있다. 협시불로 불보살을 봉안하는 일반적인 형식과 다르다. 극락전(전라남도 문화재자료 제66호)에는 아미타좌상을 관음보살과 대세지보살이 협시하고 있다. 명부전은 안에 지장 삼존상과 시왕·판관·녹사·인왕·사자상이 있다. 이밖에도 명부전·요사채 등의 당우들이 있다.

쌍봉사에는 특이한 건물이 하나 있다. '護聖殿'이라는 편액이 붙은 전각이다. 이 건물은 T자형 맞배지붕 건물로 사찰에서는 유일한 건물이다. 원래는 세조의 위패를 봉안했던 것으로 짐작된다. 현재는 쌍봉사 창건주 철감 선사와 스승인 중국의 종심 선사 진영을 모시고 있다.

절 오른쪽 뒤편 200m 떨어진 곳에 철감선사부도탑(국보 제57호)이 있다. 일제 침략기 도굴꾼들이 사리장치를 빼가려고 무참히 쓰러뜨린 것을 1957년에 수습해 재건해 놓은 것이다. 쓰러지면서 옥개석의 여기저기에 흠집이 났다. 이 부도를 보는 순간 "아!" 감탄사가 절로 나온다. 전체적인 구조는 팔각형 지대석 위에 삼단의 대석을 얹고 몸돌과 지붕돌을 얹었다. 상륜부가 없어져서 안타깝다. 하대석은 구름무늬와 사자가 2단으로 조각되고, 중대석에는 각 면마다 가릉빈가를 새겨 넣었다. 가릉빈가는 극락정토 설산에 살고 있다는 상상의 새다. 머리와 상반신은 사람이고 하반신과 날

쌍봉사 대웅전

개·꼬리·발은 새의 모습을 하고 있는데 울음소리가 아름다워서 묘음조(妙音鳥) 호성조(好聲鳥)라고도 부른다.

부도탑 옆에 있는 부도탑비(보물 제170호) 역시 탑신은 흔적 없고, 거북 모양의 받침돌인 귀부와 용을 새긴 이수만 남아있다. 사각의 바닥 돌 위에 거북은 용의 머리를 하고 여의주를 문 모습이다. 거북등은 이중테두리의 6각형 무늬를 선명하게 새겼다. 특히 앞 오른발의 세 개 발가락을 들어 올린 표현은 살아 움직이는 듯하다. 이 비석의 이수는 용을 새기는 대신 구름무늬만 새겼다.

철감선사부도탑(국보 제57호)

일제 강점기까지 비신이 있었다고 하니, 일인들이 부도를 훼손하며 탑
비까지 훼손했을 가능성이 크다. 탑이 온전히 보전되지 못한 모습을 보
면서 선조의 유산을 지키지 못한 부끄러움을 씻을 수 없다. 그래서 더욱
분하고 가슴이 아프다.

036

보성 반석리

석불좌상

반석리 석불좌상(전라남도 유형문화재 제122호)은 보성군 복내면 반석리에 있다. 쌍봉사에서 대원사로 9km쯤 가다가 왼쪽으로 400m가량 올라가면 천연염색 공방이 있다. 공방에서 조금 올라가면 산자락 끝에서 석불좌상을 발견하게 된다.

이곳을 '미륵댕이'라고 부른 것을 보면 이 석불을 미륵불로 인식하였음을 알 수 있다. 석불좌상이 앉은 주변에 어쩌면 절이 있었을 터인데 빈터에는 최근 석굴암 모양으로 조성한 가족의 납골당이 부조화를 느끼게 한다. 절이 폐사가 되면서 석불만 덩그러니 남게 된 것 같다. 석불이 앉았던 연화좌대도 사라지고 없다. 불상의 모습은 둥글고 엄숙하면서도 토속적인 인상을 풍긴다.

반석리 석불좌상

　석불좌상은 자연석을 다듬어 도드라지게 부처를 조각했다. 머리 뒤에
는 연꽃 무늬 광배를 새겼다. 두광 안에 폭이 좁은 연화문 화판을 가득
조각하였다. 신광은 두광 중간부터 다리까지 둥그렇게 양각선으로 표현
하였다. 불상의 머리는 머리카락이 표현되지 않은 소발이다. 머리 중앙
에는 큰 육계가 높이 솟아 있다. 옷은 오른쪽 어깨를 드러내고 왼쪽 어깨

　　　　　　　　　　　　남해안 108 성지순례

만 걸친 모습이다. 왼쪽 어깨에서 가슴으로 물결을 이루며 부드럽게 흘러내린다. 두 손은 무릎 아래로 내려 왼손은 손바닥이 밖으로 향해서 여원인의 수인과 유사한 모습이다. 손의 좌우가 바뀐 항마촉지인처럼 보이기도 하다.

보성 반석리 석불좌상은 고려시대에 조성된 지방 양식 불상이라는 점에서 의미가 있다. 조각 기법은 고려 후기 토속적인 불상이 유행할 때 조성한 양식으로 보인다. 석불좌상 앞에 놓은 사각형 돌도 석불과 연관된 부재로 보인다. 부연이 있는 것으로 미루어 탑의 기단이나 갑석이었을 가능성이 있다. 납골당이 흉물스럽게 있는 것을 보면 폐사 뒤 절터를 개인이 점유한 것으로 보인다. 주춧돌과 법당 앞에 있었을 탑의 부재들도 납골당 아래에 묻혀 있을 가능성이 있다.

석조불감

물관 표시를 보고 "이 산골짜기에 웬 티벳박물관이 있지?"하고 궁금해 했었다. 그런데 주지인 현장 스님이 티벳에서 수행할 때 달라이라마를 친견한 것이 인연이 되어 세웠음을 알았다.

박물관 유물과 구성도 매우 알차게 되어 있다. 티벳의 수행승들이 직접 박물관을 지키며 안내하고 있어서 더욱 실감이 난다. 박물관에는 달라이라마실, 티베트 불교회화인 탕카, 티베트 사람들의 생필품인 티포트, 석가모니 직계 후손인 석가족 장인이 만든 불상, 티베트 불교의 정수로 꼽히는 만다라를 볼 수 있다. 특히 시신을 토막 내어서 독수리에게 먹이는 조장(鳥葬) 사진을 전시해서 눈길을 끈다.

티벳고원의 조장과 갠지스강 강가에서 시신을 장작불에 태우는 화장의 현장을 직접 보았다. 태어나고 죽는 현상, 이 몸뚱아리의 존재, 삶의 덧없음을 실감나게 느꼈던 기억이 새삼 떠오른다. 티벳박물관을 둘러보고 나면 우리가 살아가면서 잊고 있는, 언젠가 맞이하게 될 죽음의 의미를 다시 한 번 생각하게 한다. 색즉시공(色卽是空)이고 일체개공(一切皆空)이라고 부처님이 가르쳐주시니, 우리는 언젠가 이 몸을 버리고 근본으로 돌아가리라.

또 하나 특이한 건물이 '어린왕자 선문학관'이다. 어린왕자 박물관을 왜 세운 것일까? 내 상상으로는 풀리지 않았는데, 박물관에 전시한 여러 가지 게시물을 보고야 그 까닭을 알게 되었다.

내가 처음《어린왕자》를 읽은 것은 대학생 때였다.《어린왕자》를 읽으면서 동심, 순수한 마음을 그렸다고 생각은 하면서도 풀리지 않는 구석이 있었다. 그런데 여기 와서《어린왕자》를 불교의 요체로 해석할 수 있다는 사실을 알고, 옛날 풀리지 않던 문제의 해답을 찾게 되었다.

어린왕자의 한 마디 한 마디는 불교의 요체를 선구로 표현하고 있다. "중요한 것은 눈에 보이지 않는다. 마음으로 보아야 한다."고 한 말은 선의 요체인 '불립문자(不立文字)'라고 해석한다. 즉 문자에 의하지 않고 마음에서 마음을 전한다는 '이심전심(以心傳心)'을 말한 것이다. 그 밖에도 마음의 본성을 바로 본다(直指人心), 표면적인 차이는 사라진다(色卽是空)는 대화는 불교의 요체를 말하고 있다. 또《어린왕자》에 등장하는 왕·사업가·허영꾼·가로등 지기·지리학자 등 여러 직업과 신분을 가진 사람들은 남순동자가 도를 깨치기 위해 찾아가는 53선지식에 비견된다. 여기 와서 현장 스님의《어린왕자》해석에 무릎을 쳤다. 옛날 대학생 때 미처 알지 못한《어린왕자》를 새롭게 읽게 되었다.

선문학관을 나와 전각으로 오르는 연못 앞에 운주사에서 본 것과 같은 석조불감이 있다. 아직 보물로 지정은 되지 않았으나 다른 곳에서 흔히 볼 수 없는 유물이다. 주지스님에게 물으니 앞쪽은 아버지, 뒤쪽은 어머니 보살이라 한다. 대원사에 있는 또 하나 박물관은 김지장 성보박물관이다. 신라 왕자로 중국 구화산에 가서 수행하며 사람들을 제도하여 지장보살로 추앙받는 김지장을 기념하는 공간이다.

김지장은 24세 때 중국으로 건너가며 선청이라는 삽살개를 데리고 갔다. 구화산에서 호랑이의 먹이가 될 뻔한 동자를 지장 스님과 삽살개가 호랑이를 물리치고 구했다는 이야기가 있다. 이마에 5불 보관을 쓴 김지장이 삽살이를 탄 채 석장을 짚고 있는 캐릭터로 성보박물관을 표현하고 있다. 삽살이는 우리의 토종개로 귀신을 쫓는다는 용맹스러움과 지혜가 있는 개다.

쌍봉사를 출발하여 봉천리 오층석탑과 반석리 석불좌상을 순례하고 대원사까지는 28km나 되어서 하루에 모두 순례하기는 무리다. 그러므로 대원사 가는 도중 20km쯤에 있는 서재필 기념공원 휴게소 부근 펜션이나 민박집에서 1박 하는 것도 좋다. 대원사는 템플스테이가 가능하다. 대원사 못미처 사하촌에도 펜션과 민박집이 있다.

대원사 극락전

화순 모후산

유마사

유마사는 시원한 계곡물과 울창한 수림을 자랑하는 모후산 자락에 숨어있다. 찾아오는 이가 많지 않아 한적한 산사의 적막을 즐길 수 있는 곳이다.

유마사에는 힘센 장수설화가 전한다. 설화의 주인공은 보안이라는 처녀다. 젊은 승려가 처녀를 겁탈하려 하자 제안을 하나 했다. 제월천에 잠긴 달을 건지는 사람의 소원을 들어주기로 하는 내기였다. 결과는 처녀가 달을 건져서 젊은 승려를 굴복시켰다. 다른 이야기는 다리를 놓기 위해 장정 여러 명이 모후산 중턱에 있던 바위를 옮기려 했으나 번번이 실패하였다. 그러자 보안이 치마폭에 싸서 이곳에 갖다 놓았다.

〈유마사사적문〉(627년, 백제 무왕 28년)의 기록에는 중국에서 건너온 유마운과 그의 딸 보안이 창건하였다고 기록하고 있다. 유마운은 당

나라의 고관으로서 그의 딸 보안과 함
께 우리나라로 건너와 수행에 몰두하
여 마침내 불법을 깨쳤다. 그가 수행
하기 위해 지은 암자가 지금의 귀정암
터이다.

인근에 사자암 · 금릉암 · 은적암 ·
운성암 · 동암 · 오미암 · 남굴암 등 8
개의 암자를 거느려 한때 호남에서 가
장 큰 사찰이었다. 유마사는 1950년
6 · 25전쟁 때 모두 불에 탔다. 대웅전
기단 석축과 주춧돌로 보아 옛 법당의
규모를 짐작할 수 있다. 지금 대웅전

유마사 해련부도(보물 제1116호)

은 규모를 줄여서 지었다. 관음전 옆에 대웅전을 새로 짓기 위해 모연문
과 조감도를 붙여두었다. 대웅전 짓기로 예정한 기일도 지났고 조감도
도 색이 바랬다. 다음 순례 길에서는 새로 지은 대웅전에서 참배할 수 있
기를 염원한다. 대웅전에는 아미타불 · 관세음보살 · 대세지보살의 삼
존불과 작은 약사여래를 함께 모셨다. 탱화로는 영산후불탱화 · 지장 ·
칠성 · 산신탱화 · 제석천룡도 등이 있다.

종각에는 범종이 없는데 지리산 화엄사로 옮겼다고 한다. 절에서 가장
오래된 유물인 해련부도(보물 제1116호)가 절의 입구에 있다. 절을 창건
한 유마운의 부도로 전해진다. 팔각 원당형으로 상륜부는 없어졌다. 사
리 장치가 도굴되어 흩어져 있던 것을, 1981년 화순군에서 사찰의 입구

유마교 앞 현 위치로 옮겨 복원하였다. 그 밖에 조금 작은 규모의 석종형 사리탑 2기가 있다.

근처에 1861년(철종 12년)에 조성된 현감 정원필의 영세불망비가 있다. 절 서쪽 계곡에는 길이 5m, 너비 3m의 보안교(화순군 향토문화유산 제30호)가 놓여 있다. 이 다리에는 維摩洞川普安橋(유마동천보안교)라는 글자와 시주자로 여겨지는 白雲居士梁蓮法(백운거사양연법)이라는 글씨가 새겨져 있다.

유마사에서는 템플스테이를 할 수 있다.

유마사 관음전 뒤쪽 대웅전 터

순천 조계산

송

광
사

송광사는 우리나라 삼보 사찰의 하나로 16국사를 배출한 승보사찰이다. 양산 통도사는 적멸보궁에 부처님 진신사리와 부처님의 금란가사(금실로 짠 가사)가 있으므로 불보사찰, 해인사는 부처님 말씀을 기록한 팔만대장경을 보존하고 있어서 법보사찰이라 일컫는다.

송광사는 언제 가도 새롭다. 50여 년 전 수학여행을 갔을 때는 깊고 긴 골짜기를 걸어 올라갔던 기억이 있다. 그 뒤로도 《효봉스님 일대기》를 집필하며, 효봉스님의 제자들을 인터뷰하러 몇 차례 방문하였다. 또 체험수업을 위해 서울에서 버스로 학생들을 싣고 내려가 철야정근을 하며 사찰체험을 했다. 졸업생들을 가끔 만나면 송광사 철야정근 사찰 체험이 학창시절 가장 잊히지 않는 기억이라고 말한다.

송광사는 신라 말 혜린 선사가 길상사를 창건한 것이 시초라고 전한다. 그런데 〈송광사사적비〉와 〈보조국사비명〉 및 〈승평속지〉 등을 보면, 신라 말기에 체징 선사가 창건했다고 되어 있다. 절이 한때 쇠퇴하였는데, 보조국사 지눌(1158~1210년)이 정혜결사(定慧結社)를 결성하면서 중흥하게 된다. 이때 산 이름을 조계산, 절 이름을 수선사라고 불렀다. 《사적기》에 의하면 고려 명종 때 이미 80여 동의 건물을 가진 대사찰이었다.

원래 조계산은 소나무가 많아서 '솔메'라 부르고, 한자로 송광산(松廣山)이라 적었다. 송광사는 산 이름을 따서 붙인 이름이다. 임진왜란과 정유재란으로 많은 전각이 소실되었다. 그 뒤 전각을 새로 짓고 보수하여, 한때 600여 명의 승려가 머물 정도로 절이 융창했다. 근세에 이르러 여순사건과 6·25전쟁으로 무장공비들이 절을 불태웠다. 1955년부터 불탄 건물을 다시 중창하기 시작했다.

송광사는 다른 절과 달리 꼭 있어야 할 탑과 석등이 없다. 처마 끝에 다는 풍경도 없기 때문에 송광사에는 세 가지가 없는 삼무사찰이라 한다. 풍경이 없는 이유는 바람에 흔들리는 풍경 소리가 스님들의 공부에 방해가 되기 때문이며, 석탑과 석등이 없는 이유는 연꽃이 물 위에 떠 있는 연화부수 형국이라서 석탑을 세우면 가라앉는다는 풍수설에 따랐기 때문이다.

송광사에는 3가지 명물도 있다. '비사리구시'라고 불리는 커다란 나무 밥통, '능견난사'(전라남도 유형문화재 제19호)라고 하는 음식을 담는 그릇, 천자암 '쌍향수'(천연기념물 제88호) 향나무가 그 셋이다.

비사리구시는 쌀 7가마 분량으로 약 4천 명이 한꺼번에 먹을 수 있는

밥을 담을 수 있다고 한다. 능견난사는 지눌 스님이 원나라에서 가져온 29개의 그릇에 얽힌 이야기다. 이 그릇들은 포개면 딱 맞을 정도로 그 정교함이 대단하다. 숙종이 똑같은 그릇을 만들라고 명하였으나 실패하여 '능히 볼 수 있어도 만들기는 어렵다.'라는 뜻으로 능견난사(能見難事)라고 불렀다.

송광사는 국사전(국보 제56호)을 비롯해 약사전(보물 제302호)·영산전(보물 제303호)·목조삼존불감(국보 제42호)·화엄경변상도(국보 제314호)·고려고종제서(국보 제43호)·대반열반경소(보물 제90호)·대승아비달마잡집론소(보물 제205호)·금동요령(보물 제176호)·묘법연화경 찬술·금강반야경소개현초 등 전국 사찰 가운데 가장 많은 문화재를 보유하고 있다.

대웅전은 한국전쟁 때 화재로 소실된 것을 1988년 현호 스님이 규모를 키워 증축하였다. 대웅전에는 과거불인 연등불과 현재불인 석가모니불, 그리고 미래불인 미륵불을 모셨다. 협시불로는 문수·보현·관음·지장의 4대 보살을 함께 모시고 있다. 삼세불 뒤에는 각 존상에 맞는 후불탱화를 걸었다. 그리고 1770년(영조 4년)에 조성된 화엄변상도와 최근작 104위 신중탱화, 역대 전등 조사탱화가 있다.

국보 제56호인 국사전은 승보사찰인 송광사의 상징적 건물이다. 국사전에 봉안한 16국사 진영은 처음 14세기 무렵 조성했다. 임진란 등으로 소실되었다가 1780년 왕실의 지원으로 다시 조성했다. 그런데 안타깝게도 1995년 1세 보조, 2세 진각, 14세 정혜국사 진영을 제외한 13점을 도난당했다. 지금 있는 진영은 촬영했던 사진을 모사하여 2017년에 다시 그렸다.

약사전(보물 제302호)은 대웅전 앞뜰에 지은 아주 작은 규모의 건물이다. 약사전 크기는 앞면 1칸, 옆면 1칸으로 현존하는 사찰 건물 중 가장 작은 규모다. 약사전과 나란히 있는 영산전(보물 제303호)의 내부에는 석가여래의 소조상을 비롯하여 석가모니의 일생을 그린 팔상도와 영산회상도(보물 제1368호), 석가여래의 일생을 묘사한 팔상탱화가 봉안되어 있다. 중앙의 영산회상도는 1725년(영조 1년) 화승 의겸 등 15명의 화승에 의해서 이룩되었다.

승보박물관에는 목조삼존불감(국보 제42호)을 비롯해 대반열반경소(보물 제90호)·대승아비달마잡집론소(보물 제205호)·수선사형지기(보물 제572호)·금동요령(보물 제176호)·묘법연화경찬술(보물 제204

송광사 비사리구시   송광사 효봉대종사사리탑

호)·금강반야경소개현초(보물 제207호) 등을 보관하고 있다.

목조삼존불감은 수선사의 정혜결사를 일으켰던 1세 보조국사가 당나라에서 귀국할 때 지니고 왔다는 설이 있다. 이 불감은 1974년 10월 9일 금동요령(보물 제176호)과 함께 도난당했다가 다행히 골동품상에서 신고하여 회수되었다.

사찰 문화재의 도난은 불교 종단만의 문제가 아니라 국가 차원의 대책 마련이 시급하다. 현재 종단에서 해외에 흩어진 문화재를 반환하는 사업을 벌이고 있다. 양심적인 소유자의 경우 도난 문화재임을 알면 협조가 되는 경우도 있지만 거의 경매시장에서 비싼 가격으로 사와야 한다. 그마저도 숨겨두고 공개하지 않는 사례가 많다.

041

순천 조계산

천/자/암

송광사에서 천자암 가는 산길은 조금 가파르다. 송광사에서 천자암 들러 선암사까지 약 7km 거리다. 자동차로 이동할 경우 천자암 200m 아래에 주차장이 있다.

천자암을 처음 찾은 것은 기억을 더듬으니 50여 년 전 대학 2학년 때다. 대학생불교연합회 여름 수련회를 선암사·천자암·송광사에서 가졌는데, 선암사를 출발하여 천자암을 들러 송광사로 넘어간 기억이 있다. 그때 산을 넘으며 길목에서 보리밥을 맛있게 먹었던 기억이 아직도 어제처럼 생생하다.

보리밥은 요즘 건강식으로 먹는 별식이다. 옛날에는 쌀이 부족하여 여름 내내 보리밥을 먹어야 했다. 흰쌀밥은 명절이나 제삿날 먹는 별식이었다. 매일 먹는 보리밥은 거칠고 맛없는 밥이었다. 그러나 보리밥이라

남해안 108 성지순례

도 마음 놓고 먹을 수 있으면 형편이 나은 편에 속한다. 가난한 집에서는 보리를 수확할 무렵 양식이 떨어져 굶기를 밥 먹듯 했다. 그래서 이때를 넘기기가 어려워 '보릿고개'라는 말이 생겼다.

'보릿고개'라는 말을 요즘 젊은이들은 어떻게 이해하고 있을지 궁금하다. 가수 진성이 부른 '보릿고개'라는 노래의 의미를 요즘 젊은이들이 제대로 이해할 수 있을까?

> 주린 배 잡고 물 한 바가지
> 배 채우시던
> 그 세월을 어찌 사셨소.
> 초근목피의 그 시절
> 바람결에 지워져 갈 때
> 어머님 설움 잊고 살았던
> 한 많은 보릿고개여.

흉년이 들면 굶어서 죽는 사람도 더러 있었다. 굶어 죽는 사람을 부황 떠서 죽는다고 했다. 어려서 부황 든 사람을 본 일이 있다. 몇 끼를 굶으면 온몸이 붓고 누렇게 떠서 결국 죽게 되는 것이다. 요즘 젊은이들에게는 전설 같은 이야기로 들릴지 모른다.

이렇게 가난하게 살아가는 경우 '찢어지게 가난하다.'고 말한다. 이 말은 앞에 '똥구멍'이라는 말이 생략된 말이다. 가난하면 왜 똥구멍이 찢어지는가.

천자암 대웅전

해답은 진성의 노랫말에 나오는 초근목피에 있다. 풀뿌리와 나무껍질. 양식이 떨어져 밥을 굶어야 하는 무렵이 되면 '송기떡'을 만들어 배고픔을 달랬다. 듣기 좋은 말로 떡이지 송기떡은 구황식품의 하나다.

송기떡은 소나무 껍질이 주재료다. 봄이 되어 나무에 물이 오를 때, 소나무의 두꺼운 겉껍질을 벗기면 안에 붉은빛을 띠는 중간 껍질이 있다. 붉은 껍질을 더 벗기면 목질부를 감싼 하얗고 부드러운 속살이 나온다. 이 속살을 긁어서 물에 담가 송진을 우려낸다. 우려낸 속살과 쑥을 넣고 찧은 뒤, 좁쌀이나 수수 같은 잡곡을 한 주먹 섞어서 솥에 쪄먹는다. 그런데 소나무 속살은 물에 담가도 송진이 다 빠지지 않는다. 결국 송진의 탄닌 성분이 심한 변비를 일으켜 항문이 찢어지게 되는 것이다.

요즘은 먹을 것이 넘쳐나서 어린아이들이 잘 먹지 않으면 밥그릇을 들고 따라다니면서 먹이려 한다. 송기떡 한 개라도 더 먹으려 했던 옛날 어

린 시절을 생각하니 눈물이 핑 돌며 격세지감이 느껴진다. 건강식으로 보리밥을 먹는 사람들은 우리 부모들이 송기떡을 먹던 보릿고개를 한번 떠올리며 먹을 일이다.

　이야기가 다른 곳으로 샜는데, 당시 천자암에는 조그만 법당 한 채밖에 없었다. 절에는 젊은 스님이 혼자 계셨다. 그 스님이 활안 스님이고 작년(2021년)에 92세로 입적하셨다 한다. 50년 전에 뵈었으니 당시 40세쯤 되셨을 것이다. 지금 주지 스님도 40세 전후로 보여서 나에게는 그때 활안 스님을 보는 듯 묘한 느낌을 준다.

　천자암에는 유명한 쌍향수(천연기념물 제88호)가 있다. 이 나무는 보조 국사와 담당 국사가 중국에서 돌아올 때 짚고 온 지팡이를 나란히 꽂아 살아난 향나무라 한다. 쌍향수는 똑같은 모양의 향나무 두 그루가 70cm가량 떨어져서 엿가락처럼 꼬여 있다. 한쪽 나무의 가지가 다른 나무를 향하여 절을 하고 있는 형상이다. 담당 국사가 꽂은 지팡이가 스승인 보조 국사에게 예를 표하는 모습이라 한다. 담당 국사는 중국의 왕자로서 보조 국사를 스승으로 모시고 제자가 되어 고려에 왔다. 천자암이라는 이름은 이러한 설화에서 유래하였다.

쌍향수는 특이한 용틀임으로 자라서 곱향나무라고도 부른다. 수령은 약 700년쯤으로 추정하며, 높이는 12.5m, 둘레는 왼쪽이 3.95m, 오른쪽이 3.24m다. 5월경 꽃이 피고 이듬해 10월 열매가 자색으로 익는다. 쌍향수 나무를 만지면 극락왕생한다는 속설이 있어 나무를 보호하기 위해 울타리를 쳤다.

042

순천 조계산

선
암
사

천자암에서 등산로를 따라 산을 넘어가면 선암사에 이른다. 송광사에서 천자암을 거쳐 선암사까지 가려면 송광사에서 아침 일찍 출발해야 느긋하게 산행을 즐길 수 있다. 선암사로 가는 길은 편백 숲 향기를 맡으며 걸을 수 있어서 상쾌하다.

선암사는 조계산의 동쪽 자락에 있다. 송광사와 함께 조계산의 동서 자락에 안긴 천년고찰이다. 선암사는 유네스코에 2018년 한국의 7대 산지승원으로 통도사·부석사·봉정사·법주사·마곡사·대흥사와 함께 세계문화유산으로 등재되었다.

선암사는 천년 고찰답게 전각이며 정원, 구석구석이 말 그대로 고색창연하다. 선암사에는 600년 묵었다는 홍매화꽃(천연기념물 제488호)이 피면서부터 작약·모란·차나무 등 여러 가지 꽃향기가 경내에 가

선암사 동부도(보물 제1185호)

득하다.

선암사 홍매화는 별칭으로 선암매라 부른다. 선암매 외에도 30여 그루의 매화나무 모두 300년 이상의 수령을 가지고 있다. 선암사에서는 4월 10일 전후로 매화축제가 열린다. 가을에는 붉은 단풍이 선암사를 불태우므로 사계절 중 어느 철에 가도 좋은 절이다. 선암사는 그야말로 사시사철 꽃이 피는 지상의 낙원이다.

시인 정호승은 〈선암사〉라는 시에서 "눈물이 나면 기차를 타고 선암사로 가라. 선암사 해우소로 가서 실컷 울어라." 했는데, 왜 선암사로 가라고 했는지 알 것 같다. 선암사는 사철 아름다운 절이라서 그런지 예술과 인연이 깊다. 무지개다리(홍교)는 사진작가라면 한번쯤 들르는 필수 코스다. 불교를 소재로 한 영화, 드라마에서 여러 차례 촬영지가 되기도 했다. 강수연이 출연해 화제를 낳은 영화 〈아제아제바라아제〉, 드라마 〈용의 눈물〉에서 경순공주가 삭발하고 출가하는 장면도 선암사에서 촬영했다. 영화 '취화선'과 '만다라'도 여기서 촬영했다. 소설가 조정래도 이곳에서 태어났고, 맛깔나는 시조를 지은 아버지 조종현도 이곳의 스님이었다.

2021년 10월 4일, 선암사에서 색다른 모습을 보았다. 행자교육을 받는 출가자들이 마치 훈련소처럼 습의사 스님을 줄지어 따라가는 행렬이

었다. 50여 명의 행자
들은 젊은 비구들이 대
부분이고 비구니도 대
여섯 명 끼어 있었다.
그중에 두세 명 나이가
40~50쯤 들었음직한
남자들도 뒤를 따랐다.
  성직자는 스스로 자
기를 억누르고 금욕과
인내로 수련해야 도달
할 수 있는 자리다. 세
상이 편안함을 추구하
는 추세여서 성직자의
길로 들어서는 숫자가
점점 줄어들고 있다.
10여 년 전만 해도 한

선암매

해 승려가 되려고 출가하는 수가 200명이 훨씬 넘었는데, 요즘은 100명
도 채 안 되는 출가자들만 머리를 깎는다고 한다.
  선암사의 유래는 아도 화상 창건설과 도선국사 창건설이 있다. 그래서
일까? 선암사에는 아도 화상과 도선 국사 진영을 함께 봉안하고 있다. 선
암사는 고려 중기 왕자로서 출가한 의천에 의해 크게 중흥을 맞게 된다.
고려 문종의 넷째 아들인 대각국사 의천은 송나라에서 유학한 뒤 귀국하

선암사 승선교(보물400호)

여 대각암에 머물렀다. 산 모양이 중국의 조계산과 같음을 보고 조계산
이라 이름 짓고 선암사를 중창하였다. 절에서 매년 가을(음력 9월 28일)
대각 국사 탄신기념 행사를 갖는다.

선암사에는 사찰의 역사가 오랜 만큼 많은 성보문화재를 보유하고 있
다. 선암사 하면 먼저 떠오르는 진입로의 승선교(보물 제400호)가 있다.
아치형의 무지개다리라서 홍교라고도 부른다. 이 다리는 선암사를 찾아
오는 사람 누구나 카메라를 꺼내 들게 한다. 승선교를 지나 절로 들어가
는 길은 마치 신선이 되어 승천하듯 속세를 떠난 느낌이 확 밀려온다. 다
리 이름을 승선교(昇仙橋)라 부른 까닭을 알겠다. 승선교를 통해 부처님
계신 곳에 이르면 이미 선계이므로 다시 강선루(降仙樓)를 두어 속세로
내려가게 한 상징적 구조를 이루고 있다.

선암사의 전각은 〈선암사중창
건도기〉에 보면 42동에 이른다. 2
층 전각으로 된 미륵전 등 법당이
13동, 전사 12동, 요방 26동, 암자
19동, 그리고 뜰에 2기의 보탑, 뒤
에 3기의 부도와 철불이 있다고 기
록하고 있다. 오늘날 선암사보다
훨씬 큰 규모였다.

원통전 안에 걸려있는 대복전
(大福田)이라 쓴 현판은 순조의 글
씨다. 정조가 아들을 얻지 못해서
눌암 대사에게 100일 기도를 부탁

선암사 뒷간

했다. 기도 후 아들을 낳게 되어 순조가 되었고, 순조가 왕이 되어 내린
현판이다.

선암사에서 가장 인상적인 건물은 '뒤깐'이라는 현판이 붙은 T자형
화장실이다. 마루는 두꺼운 판자로 짜서 튼튼하지만 바닥이 깊어 불안하
다. 그리고 칸마다 문을 달지 않아서 열려있는 공간이다. 1992년 중국과
수교 직후 답사갔을 때, 시골 화장실도 문이 없는 개방식이어서 당황한
적이 있다. 심지어 할아버지가 손주랑 함께 나란히 앉도록 한 칸에 두 구
멍이 있는 화장실도 있었다. 화장실은 냄새가 나지 않도록 살창을 두어
바람이 잘 통한다. 용변 후 가랑잎을 넣어 자연발효를 유도하였다. 화장
실이 너무 깊어서 다음과 같은 말이 우스갯소리로 회자된다.

선암사 강선루

"선암사 뒷간에서 일을 보고 방에 들어오면, 그제야 바닥에 떨어지는 소리가 들린다."

대웅전 앞에는 동서로 삼층석탑(보물 제395호)이 두 기가 서 있다. 통일신라시대에 조성된 탑으로 선암사에서 가장 오래된 유물이다. 절의 뒤편으로 북부도와 동부도가 있다. 절에서 600m 떨어진 대각암에도 대각국사 의천의 부도로 알려진 부도가 있다.

선암사 탑과 비는 여기저기 흩어져 있다. 선암사 입구 오른쪽에 11기의 부도와 8기의 비석이 있다. 강선루를 지나 왼쪽 계곡을 따라가면 서부도전이라 부르는 부도밭에 12기의 부도가 더 있다. 동부도(보물 제1185호)는 절 뒤로 약 200m 떨어진 차밭 가장자리에 위치하고 있다. 이 부도는 8각 원당형으로 옥개석 일부가 조금 파손된 것을 빼면 거의 온전하게 보존되어 있다.

북부도(보물 제1184호)는 동부도에서 동쪽으로 잣나무 숲을 지나 경

사진 산기슭을 올라가야 한다. 부도까지 오르는 길이 가팔라서 부도가 정말 있을까 의심하며 허위허위 올라가면 마침내 산기슭에 부도가 보인다. 이 부도의 주인공이 도선 국사라고 전해지지만 신빙성이 없다. 부도의 상륜부 보주가 없어지고 보개 일부와 옥개석 귀꽃 장식 2개가 파손되었으나 거의 온전하게 보존되고 있다.

대각암 부도(보물 제1117호)는 대웅전에서 서북쪽으로 약 600m 떨어진 대각암에 있다. 이 부도는 천태종을 개창한 대각국사 의천의 부도라고 전한다. 옥개석의 귀꽃 일부가 파손되었으나 기단부 지대석에서 상륜부 보주에 이르기까지 거의 온전하게 보존되어 있다.

누구일까? 이 아름다운 탑의 귀꽃을 파손시킨 사람은 어떤 심보를 가진 사람이었을까?

남해안 108
성지순례

4장

낙안, 벌교, 고흥의 전통 사찰 순례 길

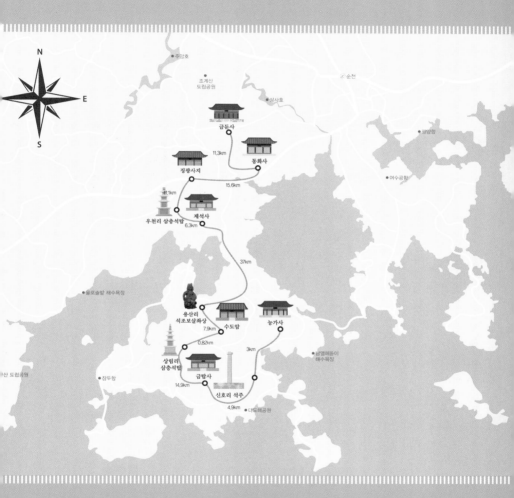

순천 조계산 선암사 ⇨ 16.3km ⇨ 낙안 금전산 금둔사 ⇨ 11.3km ⇨ 순천 개운산 동화사 ⇨ 15.6km ⇨ 벌교읍 존재산 징광사지 ⇨ 11.1km ⇨ 보성 우천리 삼층석탑 ⇨ 6.3km ⇨ 고흥 봉두산 제석사 ⇨ 37km ⇨ 고흥 두원면 용산리(학곡리) 석조보살좌상 ⇨ 7.9km ⇨ 고흥 운암산 수도암 ⇨ 0.82km ⇨ 고흥 상림리 삼층석탑 ⇨ 14.9km ⇨ 고흥 천등산 금탑사 ⇨ 4.9km ⇨ 고흥 신호리 석주 ⇨ 3km ⇨ 고흥 팔영산 능가사 ⇨ 34km ⇨ 여수 비봉산 용문사

| 043 |

낙안 금전산

금둔사

금둔사는 낙안읍성에서 북쪽 승주읍으로 넘어가는 금전산 자락에 자리하고 있다. 선암사를 품은 조계산과 금둔사를 품은 금전산은 서로 이어져 있는 산맥이다.

절을 품은 산 이름이 왜 하필 금전산(金錢山)일까? 산 이름에 돈(錢)이 들어 있다. 부처님 제자 중에 정진 제일인 금전비구가 있기는 한데 관련지어 산 이름을 지은 것은 아닌 듯하다. 금둔사가 있는 산이라서 금둔산이라 불렀는데, 말을 쉽게 하려는 언어관습에서 사람들이 금둔산을 금돈산이라 부르고 뒤에 한자로 표기할 때 금전산이라 쓴 건 아닐까?

금(金)은 부처님을 뜻한다. 부처님이 있는 전각을 금당(金堂)이라고 부른다. 둔(芚)은 싹이 돋는다는 뜻이다. 그러니까 중생은 모두 불성, 곧 부처 될 성품을 갖추고 있기에 불성의 싹이 돋아 부처 되는 절이라는 의

미에서 금둔사라고 이름
을 지었을 것이다.

금둔사는 우리나라에
서 가장 일찍 꽃을 피운
다는 홍매화로 유명하다.
음력 섣달을 납월이라 부
르므로 새해 설 무렵에 피
는 꽃이라는 뜻에서 납월
매라고 부른다. 그 밖에도
청매, 백매 등 100여 그루
의 매화가 2월 말, 3월 초
까지 연이어 꽃망울을 터
뜨린다.

금둔사에 원래 있던 납
월매인 홍매는 고사했다.

금둔사 납월홍매

지금 있는 홍매는 주지스님이 낙안읍성의 600년 묵은 거목 매화나무
에서 1985년 씨를 받아 기른 나무라고 알려주었다. 낙안읍성의 매화
는 그 뒤 말라 죽어서, 대를 이었으니 더욱 뜻 깊은 인연이라는 생각
이 든다.

금둔사 매화는 신라 때에도 유명했던 모양이다. 최치원과 함께 신라
의 문장으로 이름 있는 최광유가 금둔사의 매화를 보고 읊은 시가 있다.

금둔사 삼층석탑(보물 제945호)　　　　　금둔사 석불입상(보물 제946호)

납월매

찬 서리 고운 자태 사방을 비추고

뜰 가에 이른 봄을 섣달에 차지했네.

금둔사는 1400년 역사를 품고 있는 천년 고찰이다. 절의 창건은 백제
시대인 583년(위덕왕 30년)에 담해 조사가 처음 지었다고 전한다. 그 뒤
682년(신문왕 2년) 의상 대사가 중창하고, 857년 철감국사 도윤이 대대
적으로 불사를 시작해서 삼층석탑(보물 제945호)과 석불입상(보물 제
946호)을 조성했다. 《신증동국여지승람》〈낙안불우〉조에 금둔사의 이
름이 보인다. 그러나 임진란 때 승병에게 당한 앙심을 품고 정유재란을
일으킨 왜병이 절을 불태워 폐사되었다.

금둔사 삼층석탑(보물 제945호)은 통일신라 9세기 후반 석탑 양식을 가진 탑이다. 지대석 위에 이중 기단을 하고, 상층기단의 기둥에 팔부신중을 새겼다. 1층 탑신 좌우 면에는 다과를 공양하는 공양상을 도드라지게 조각하였다. 기둥 모양을 본뜬 우주를 새기고 앞뒤 면에는 문과 자물쇠를 조각하였다. 옥개석 네 모서리마다 풍경을 달았던 작은 구멍이 있다. 탑의 상륜부가 없어졌으나 각 부분 비례도 조화롭고 조각수법이 세련된 석탑이다. 도굴꾼들에 의해 무너져 있던 것을 1979년 복원하였다.

　탑의 동쪽에 같은 무렵 조성된 것으로 보이는 석불입상(보물 제946호)이 있다. 이 불상도 해체되어 석탑과 함께 무너진 채 놓여 있는 것을 복원하였다. 전체 높이는 4m로 큰 편이다. 연꽃 대좌 위에 몸체를 세우고 머리에 보개석을 얹었다. 비석 모양의 직사각형 판석에 새겼으므로 석불비석이라 부른다.

　불상의 모습은 풍만한 편이다. 몸체는 단아하고 우아하게 굴곡을 드러내고 있다. 육계는 커다란 보개와 맞닿아 있다. 이마에 백호광을 박았던 구멍이 있다. 목에는 세 개의 주름 삼도를 새겼고 두광은 선으로 조각하였다. 법의는 통견이고 옷주름은 간략하게 표현하였다. 수인은 중품하생인 상을 맺고 있다. 뒷면은 공양상과 명문을 새기고 하단에 코끼리 상을 새겼다. 명문이 음각되어 있으나 풍화가 심해서 판독이 어려운 상태다.

044

순천 개운산

동
화
사

  금둔사를 나와 500m 떨어진 곳에 낙안온천이 있다. 금둔사에서 낙안 읍성까지 내리막길 2.5km이다. 종일 걸을 때 오르막길을 만나면 걱정이 앞서는데 내리막이라서 한시름 놓는다.

  낙안읍성 주변에 펜션이 몇 곳 있다. 펜션은 여러 명이 이용할 때 이득 이지만 혼자 묵는 경우 방값이 비싼 편이다. 모텔 숙박료가 5만 원 수준 인데 펜션은 10만 원을 넘는다.

  날이 저물어 펜션 안내판에 적힌 번호로 전화를 걸었더니 방값이 16 만 원이라 한다. 혼자 머문다고 하니 절반인 8만 원만 받겠다고 했으나 그래도 비싸다는 생각이 든다. 관광지이므로 모텔이 있을 것이라고 생 각하고 읍성 정문 쪽으로 가니 무인모텔이 하나 있다. 방값 4만 원. 갑자 기 4만 원 번 느낌이 들어서 비싼 저녁밥 먹을 생각에 식당으로 향하는 발걸음이 가볍다.

　낙안읍성에서 하루 묵고 동화사로 향했다. 동화사는 의천 스님이(1047 년, 고려 문종 1년) 중국에서 돌아와 순례하다가 이곳에 상서로운 구름이 피어오르는 모습을 보고 절을 지었다고 한다. 절에 대한 기록은 〈동화사 중수기〉나 〈동화사중창기〉가 있어서 법당과 요사채 등을 조성한 사정 을 알 수 있다. 조선 중기 이후 여러 전각을 갖추어 사세를 떨쳤으나 점 점 쇠락하였다. 그 후 1921년부터 절의 중수가 이루어지고, 1988년 성탄 스님이 주지로 부임하면서 진입로를 넓히고 천왕문과 대웅전을 복원하 는 공사를 진행하여 오늘에 이르고 있다.

　동화사에는 대웅전을 비롯해서 지장전 · 응진전 · 삼성각 · 천왕문 · 요사 등 건물이 있다. 동화사의 성보 문화재로는 동화사 삼층석탑(보물

동화사 대웅전

제831호)과 《속장경》 판본이 있다.

삼층석탑은 조형미가 안정적인 느낌을 준다. 밑 부분인 기단이 땅속에 거의 파묻힌 채, 그 위로 3층의 탑신을 올렸다. 탑신은 지붕돌과 몸돌이 하나로 이루어졌다. 몸돌에는 모서리 기둥인 우주 2개와 가운데 기둥인 탱주를 하나씩 조각하였다. 지붕돌 처마 밑면은 3단으로 조각하였다. 머리 장식은 노반 · 복발 · 앙화 · 보륜 · 보개 등이 거의 온전히 남아 있다. 1989년 해체 복원 때, 1층 탑신 사리공에서 4과의 사리와 함께 사리장엄구가 나왔다.

동화사에는 대각국사 의천이 송나라에 유학하고 돌아오면서 가져온 불경을 기초로 만든 장경판이 있었다. 이 《속장경》 목판은 대부분 몽고 침입 때 없어지고 남은 목판이 동화사와 송광사에 일부가 남아있었다고

동화사 대웅전목조삼존불

남해안 108 성지순례

동화사 응진전

한다. 어찌 된 까닭인지 이 목판은 절에 남아있지 않고, 1666년(현종 7년)에 봉안한 경판 37매가 남아있을 뿐이다.

대웅전(전라남도 유형문화재 제61호)은 조선 중기 이후의 건축양식을 가진 전각이다. 법당에는 목조석가삼존불을 모셨다. 법당에는 석가후불탱화 · 제석천룡탱화 · 칠성탱화 · 관음벽화가 있다. 목조삼존불상은 석가모니를 중심으로 양옆으로 아미타부처님이 앉은 형태다. 〈중수기〉에 따르면 1662년 법홍 대사가 봉안한 삼존불인 듯하다. 관음벽화 역시 이 무렵 그린 것으로 추정되는데 많이 퇴색되었다.

045

벌교읍 존재산

징
광
사
지

징광사지는 벌교읍 존재산(금화산) 남동쪽 징광 마을에 있다. 징광 사지에는 귀부와 머릿돌만 남아있다. 비신은 사라지고 귀부 위에 이수 (머릿돌)를 올려놓았다. 이수는 용 두 마리가 마주 보고 여의주를 다투는 비룡쟁주(飛龍爭珠)상을 조각하였다. 바닥으로 떨어진 머릿돌을 올려놓으며 앞뒤가 뒤바뀐 듯하다. 쟁주하는 용의 모습이 뒷면에 더 도드라지게 조각되었다. 머릿돌의 전후 면과 측면은 가득 구름 문양을 새겼다.

귀부는 거북의 머리가 떨어져 나가고 없다. 거북의 등은 6각 귀갑문양을 이중으로 연속해서 새겼다. 발가락은 3개만 표현하고 꼬리는 한쪽으로 틀어져 있다. 귀부와 머릿돌을 보니 비석의 규모가 매우 컸던 것으로

징광사지 이수. 귀부

보인다. 유사한 모양과 크기의 비석으로 능가사 사적비가 있다.

유물이 있는 현장은 계단식으로 축대를 쌓아 밭을 만들고 차나무를 심었다. 이곳은 처음부터 축대가 있었던 것이 아니다. 징광문화원을 만든 고 한상훈 씨가 경지정리를 하여 밭을 만들며 쌓았다고 한다. 또 그곳에 삼층탑이 있었는데 밭의 원래 소유주가 허락 없이 탑을 팔았다. 밭을 구입한 한상훈 씨가 서울에 잠깐 다녀온 사이에 벌어진 일이다. 탑을 찾으러 대구까지 갔으나 결국 찾지 못하였다. 탑이 어딘가 있을 터인데 제자리로 돌아오기를 간절히 기도드린다.

밭의 크기와 터의 형국으로 보아 지금 자리가 징광사의 중심으로 보이지 않는다. 아마 그곳에 징광사 사적비나 큰스님의 부도와 비석이 있었을 것이다. 전해오는 말에 따르면 징광리 일대가 징광사 터라고 한다. 징광사는 인근에 여러 말사를 가질 정도로 규모가 컸다. 우천리 삼층탑도 징광사의 말사에 있던 탑이다.

징광문화원 원장의 증언에 따르면 징광리 마을로 들어가는 입구에 홍교(무지개다리)가 있었는데 전염병이 돌 때 다리를 넘어 병이 들어오므로 홍교를 없애라는 무속인의 말에 따라 헐었다 한다. 마을로 들어오는 입구 대나무 숲 아래 집터에 대해 중요한 증언을 하였다. 그 집을 짓기 전 그곳은 논이었는데 논에 물이 마를 때 일정한 크기와 간격으로 먼저 마르는 곳이 있어서 파보니 그곳에 주춧돌이 있었다. 지금 집은 그 주춧돌 위에 기둥을 세우고 지었다. 그렇다면 지형으로 보아 그곳이 절의 입

징과사지로 추정되는 논과 밭

구에 해당하므로 일주문이나 사천왕문이 있었을 것이다. 집 위쪽에 넓은 계단식 밭이 있다. 드론을 띄워 촬영해 보니 금당과 여러 전각이 있을 자리라는 확신이 간다.

문화재청에서 펴낸 《한국의 사지》〈징광사〉 편에 따르면 조선 태종 때에 국가의 안녕을 기도하는 자복사(資福寺)로 선정되었다는 기록이 있다. 《신증동국여지승람》에는 고려 명종대의 문인 김돈중과 김극기의 시를 함께 소개하고 있으므로, 고려시대에 절이 존재했음을 알 수 있다. 조선 후기 〈징광사중창기〉에 따르면 신라 법흥왕대에 중창되고, 정유재란으로 소실되었으며, 17~18세기에 중건되어 여러 불전을 간행하는 등 사세가 번창했다.

조선 숙종 7년(1681년) 6월 5일 큰 태풍이 몰아쳤다. 전라도 임자도에 중국 선박이 태풍에 난파되어 떠밀려 왔다. 표류선에는 중국 선원들과 무역 물자들이 가득 실려 있었다. 대만에서 일본으로 가는 무역선이 태풍을 만나 임자도까지 떠밀려 온 것이다. 나주 관아에서는 배에 실려 있던 각종 물품을 수습하여 조정으로 올려 보냈다. 불서는 1천 권이 넘고, 각종 불기도 많았다.

영광 불갑사에서 정진하던 백암성총 스님이 불서들을 수집하여 12종류 197권 5,000판의 책을 간행했다. 백암 스님은 징광사에서 대장경 판각불사를 주도하면서 화엄산림법회를 열고 사부대중이 화엄의 장엄한 세계를 맛보게 하였다. 오늘날 쓸쓸히 방치된 징광사는 조선불교의 위대한 큰 스승들이 주석했던 성역이었다. 백암성총 · 침굉현변 · 묵암최눌 등은 보성 징광사를 빛낸 대표적인 고승들이다.

징광사 관음보살상은 숙종 34년(1780년)에 조성했다. 19세기 무렵 절이 폐사된 후 송광사로 옮겨졌다. 1970년대 송광사 산내 암자인 감로암에 봉안됐다가 지금은 송광사 성보박물관으로 옮겼다.

남해안 108 성지순례

046

보성 우천리

삼
층
석
탑

우천리 삼층탑(보물 제943호)은 벌교에서 조성면 방향으로 국도와 경전선을 따라가다가 우천리 마을 앞 논 가운데에 있다. 탑의 주변이 논이고 마을 뒤쪽에 야트막한 산이 있으며 절이 폐사되고 탑만 남았다. 전해지는 이야기로는 징광사에 딸린 부속 절이 있었다고 한다.

탑은 기단 일부분이 땅속에 묻혀 있다. 바닥은 시멘트로 발라져 있어서 밑 부분의 정확한 모습은 알 수 없다. 기단 위에 높이 4.47m의 3층 탑신을 갖추고 있으며, 균형이 잘 조화된 9세기경 통일신라시대의 석탑으로 추정된다.

1층 탑신은 길고 각 탑신석의 폭은 높이에 비해 체감률이 적어 안정감을 준다. 탑신석과 옥개석은 각기 1개의 돌로 만들었다. 중대석 모서리

우천리 삼층석탑(보물 제943호)

는 기둥을 본뜬 우주와 가운데 받침 기둥인 탱주가 조각되어 있다. 탑신에도 모서리에 우주를 조각했다.

갑석은 4매로 구성되어 전(田)자형으로 조립하였다. 갑석은 완만하게 기울어 있으며, 탑신을 받치는 상부는 2단의 탑신 받침을 조각했다. 4층의 받침 위에 낙수 면이 완만한 물매를 잡은 옥개석을 올렸다. 특이한 점은 3층 옥개석에 찰주(擦柱) 구멍이 없이 복발(覆鉢)과 앙화(仰花)를 올려놓았다. 복발은 중앙부에 두 줄의 띠를 둘렀고 연꽃을 장식하였다. 앙화에도 둘레를 연꽃으로 장식하였다.

남해안 108 성지순례

047

고흥 봉두산

제/석/사

제석사는 송광사의 말사로 고흥군 봉두산 서남쪽 중턱에 있다. 고려시대에 도선 국사가 창건하였다는 전설이 있으나 확실한 기록이 있는 것은 아니다. 다만 절터에서 고려시대의 도자기·석탑·기와 파편이 출토된 바 있으므로 그 역사는 오래된 것으로 추정된다. 임진왜란 때는 승병들의 거점이었으며, 왜군들에 의해 불에 타 오랫동안 폐허가 되었다.

제석사라는 이름은 불교의 제석(帝釋)을 가리키는 말이지만, 우리의 전통 민간신앙이나 무속과 관련이 있는 명칭이기도 하다. 제석은 불교의 제석환인(帝釋桓因; Sakra-Devanam Indra)에서 의미를 가져온 것이다. 제석이라는 말은 인드라(Indra)를 중국에서 번역할 때 쓴 말이다. 인드라는 리그베다(Rig-Veda) 찬가에 등장하는 천상 신 이름이다. 이 신은 수미산 정상에 있으면서 아수라와 싸워 인류를 보호한다. 그뿐만 아니라 우주의 동서남북을 1개월씩 순회하며 그곳 인간의 선악을 살피는 신이라 한다.

제석신앙은 전통신앙으로 민간에서도 전승되어 왔다. 굿에서 제석거리와 각 집안에서 모시던 제석단지, 제석

제석사 봉서루

오가리 신앙이 그것이다. 제석신의 성격은 자손의 점지나 출산을 도와주고, 수명과 복록을 관장하는 부귀영화의 신이다. 절에서 제석신중도를 탱화로 제작하여 걸기도 한다. 제석은 연꽃을 들거나 두 손을 가슴에 합장하는 모습이다.

형태는 중앙에 보살 형상의 제석천이 앉아 있고 주위에 주악천인을 비롯한 천부의 여러 선신과 천자가 둘러싸고 있다. 형식은 제석천 셋을

제석사 공양간

남해안 108 성지순례

함께 그린 삼불제석도가 일반적이다. 또 제석신중도는 제석을 중앙으로 삼존·오존·칠존을 그린다. 제석천과 일궁천자·월궁 천자를 그리는 삼존도 형식도 있다. 삼존도에 두 보살을 더한 오존도와 대구 동화사 제석천도처럼 천자 둘을 더한 칠존도 그림도 있다.

반가사유상(제석사 봉서루 전시관)

048

고흥 두원 용산리(학곡리)

석조보살좌상

용산리 석조보살좌상은 제석사에서 고흥반도로 들어가는 국도를 따라가다가 오른쪽으로 위치한 용산리에 있다. 용산리의 지명이 옛날에는 학곡리였으므로 학곡리 석조보살좌상으로 알려져 있기도 하다. 보살상 아래로 국궁장 활터인 문무정이 있다.

용산리 석조보살좌상(전라남도 유형문화재 제158호)은 높이 270㎝, 어깨너비 90㎝나 되는 거대한 석불이다. 하나의 커다란 돌에 좌대석과 몸체를 조각하였다. 이 불상은 대좌에 걸터앉은 자세를 취하고 머리에 보관을 쓰고 있다. 머리 위는 일부가 훼손되었으나 보관 아래에 구슬 무늬로 장식된 띠를 두르고 전면 중앙에는 화불 1구가 조각되었다. 코는 훼손되어 아랫부분이 완전히 떨어져 나간 상태다. 석불의 코가 없어진 것은 기자신앙과 관련되었을 가능성이 있다. 아들을 낳지 못하면 남성의 상징인 석불의 코를 떼어 가루로 먹는 유감주술이 있었다. 양쪽 귀는 크고 둔중하게 조각되어 그 끝이 어깨 위에 닿았다.

법의는 왼쪽 어깨에 옷을 걸치고 오른쪽 어깨가 드러난 편단우견으로 왼쪽 어깨 위에 걸친 옷 주름은 형식화되었다. 어깨에 걸친 법의 자락이 무릎과 양발을 덮었고, 그 끝자락은 왼편으로 돌아 뒤에서 마무리되었다. 오른편도 역시 한 가닥 겹쳐서 뒤로 돌아가고 있다. 왼팔은 구부려 배 아래에 붙였고, 소맷자락은 도포처럼 넓다. 오른팔은 겨드랑이 사이와 무릎 위로 조그마한 공간(높이 16cm, 너비 14cm)이 있다. 마을 사람들의 구전에 의하면 이 공간에 조그마한 불상(동자상)이 있었다고 한

용산리 석조보살좌상   용산리 석조보살좌상

다. 실제로 어깨의 모습을 자세히 보면 무엇인가를 안고 있는 듯한 모습을 보여 주고 있다.

전체적으로 마모가 많이 되어 상호가 잘 드러나지 않으나 선정에 들어 있는 모습이다. 이 보살상은 의상과 화불, 수인 등 도상적 특징으로 보아 미륵보살상이라 생각된다. 대형 보살상이 만들어지던 고려 때의 이 지방 양식을 대표하는 보살상이라 하겠다. 불상의 재질은 사암인 듯 언뜻 보면 시멘트처럼 보인다. 비바람에 풍화되어 마모되는 속도가 빨라 오래지 않아 그 형태를 알아보기 어려울 것으로 보인다. 비바람을 가릴 보호각이 시급하다.

'동화사-징광사지-우천리 3층탑-제석사-용산리 석조보살좌상'까지 가는데 숙박 여건이 어려우므로 잘 조정할 필요가 있다. 벌교읍에는 숙소가 많은 편이고 우천리 탑과 제석사 부근은 숙소가 없다. 우천리에서 조금 떨어진 축내리 한옥 민박에서 숙박이 가능하다. 제석사에서 용산리까지도 25km나 되므로 중간 과역면 면사무소에 있는 모텔에서 숙박하는 것이 좋다.

049

고흥 운암산

수
도
암

　수도암은 용산리 석조여래좌상에서 8km 떨어진 운암산 자락에 있는
사찰이다. 운암산은 모악산이라고도 불렸다. 수도암 창건에 대한 기록
은 분명하지 않다. 필사본 〈수도암사적기〉에는 신라 흥덕왕 대에 영현
대사가 창건한 중흥사에서 비롯되었다고 기록하였다. 그런데 〈모악산
중흥사수도암불량기〉(1699년, 숙종 25년)를 보면 영허 대사가 1370년
(공민왕 19년)에 은적사를 옮겨와 중흥사를 중창하고 수도암도 지었다
고 하였다.

　사적기에는 조선시대 중기 이후 현대까지 3~4차례 여러 전각을 중수
한 것으로 기록하고 있다. 조선 후기에 수도암은 미륵신앙 도량이었으
며 일제 강점기 이후 여러 차례 전각을 중수한 바 있다. 최근 1995년 대
웅전 기와를 새로 이는 보수공사를 하였다. 절에는 나한전인 무루전(無

漏殿; 전라남도 문화재자료 제156호)을 비롯해서 최근에 지은 대웅전·칠성각·산신각·요사 2동 및 객실 등이 있다.

무루전은 나한전이다. 무루전에서 루(漏)는 곧 번뇌를 뜻하므로, '무루'는 '번뇌가 없음'의 경지를 가리킨다. 무루전은 1617년(광해군 9년)에 세웠고 석가삼존불과 십육나한, 사자를 양쪽으로 봉안하였다. 무루전의 아미타삼존탱화와 칠성탱화는 1860년(철종 11년)에 조성하여 봉안하였다.

대웅전에는 석가모니불 좌우로 관음보살과 대세지보살이 협시하고 있다. 불화는 영산회상도 및 지장탱화와 신중탱화가 있다. 지장탱화는 19세기 중엽의 작품이고 나머지는 최근 작품이다. 지장탱화는 송광사 성보박물관에 보관 중이고 여기 걸린 탱화는 사진 복사본이다.

절에는〈운림산수도암사적비〉〈수도암중수사적기〉〈종사기념

수도암 마애관음보살

비〉 등이 있다. 요사와 문간방에는 여러 개의 현판이 걸려있는데 대
부분 〈수도암사적비기념운〉의 일부로서 지방 유지들이 건립을 기념하
기 위해 지은 시문을 모은 것이다.

050

고흥 상림리

삼층석탑

상림리 삼층석탑(전라남도 문화재자료 제184호)은 풍양면 상림리 577
번지의 야산에 있었다. 일제 강점기 말에 풍양면 면사무소 자리로 옮겼
다. 수도암을 순례하고 삼층탑을 보기 위해 풍양면 면사무소로 향했다.
풍양면 면사무소 자리에 가서 보니 탑이 없다. 탑이 있던 자리에 탑을 분
청문화박물관으로 옮겼다는 안내판이 있다.

수도암 아래 있는 박물관을 지나쳤는데 후회막급이다. 순례 길에서 유
물 유적지나 경승지가 있을 때 걷는 게 힘들다 보니 그냥 지나칠 수밖에
없는 경우가 많다. 풍양면 면사무소에서 발걸음을 되돌려 다시 박물관
으로 갔다. 박물관 주변에는 조종현 · 조정래 · 김초혜 가족문학관과 민
속전시관도 있다.

삼층석탑의 기단부에 탑의 건립 연대가 음각되어 있다. 고려 현종 12년(1021년)이다. 탑은 기단부와 지붕돌 세 개만 남아있었다. 그래서 1990년 몸체와 상륜부를 새로 만들어 보충하였다.

탑의 구조는 판석 여러 장을 짜맞추어 지대석을 삼고, 그 위로 2단 각형으로 된 하대 지석을 올려놓았다. 기단부 중석은 판석 4장으로 결구하였다. 전후 면은 끼워넣는 식이고 좌우로는 벽판석으로 하였다.

지붕돌은 얇은 편이며 판석 1장

상림리 삼층석탑

으로 거의 수평을 이루다가 끝부분에서 살짝 들어 올렸다. 지붕돌 밑면은 4단으로 받침을 만들고 흐르는 빗물이 끊어지도록 홈을 파두었다. 빗물이 흘러내려 이끼가 끼는 것을 막고자 하였는데 보기 드문 기법이다. 노반·복발·앙화·보주는 새로 만들어 갖추었다.

| 051 |

고흥 천둥산

금/탑/사

　금탑사는 천둥산(550m) 기슭에 있다. 비자나무 숲(천연기념물 제239호)이 띠를 이루어 절을 감싸고 있으며, 금탑사로 들어서는 일주문 주변에서부터 산자락에 10m 이상의 3천여 그루 비자나무가 무성하게 자라고 있다.

　금탑사는 원효 대사가 창건했다는 설이 전한다. 창건 당시에 인도 아쇼카왕이 세운 금탑이 있어서 금탑사라 불렀다는 전설도 있다. 임진왜란과 정유재란을 거치며 이 절도 불탔다. 그 뒤 여러 차례 전각을 중수하며 명맥을 이어왔다. 1861년(철종 12년)까지 중창 불사를 지속하였으나 일제 강점기 이후 급속히 쇠락하였다. 금탑사는 최근에 다시 중건 불사가 계속되고 있다.

　금탑사에서 가장 오래된 전각은 극락전(전라남도 유형문화재 제102

금탑사 극락전

호)이다. 그 밖에 일주문 · 명부전 · 삼성각 · 응향각 · 범종각 · 요사채
등이 있다. 금탑사 극락전에는 본존불인 아미타불을 중심으로 관세음보
살과 대세지보살을 협시불로 봉안하였다.

아미타불은 이마에 백호가 있고, 목에는 세 개의 주름을 새긴 삼도가
보인다. 오른손은 어깨 위로 올리고, 왼손은 무릎 위로 내린 중품하생인
의 수인을 하고 있다. 자세는 오른발이 왼쪽 무릎 위로 올라오는 길상좌
를 취하였다. 협시불은 화려한 보관을 쓰고 손에는 보병을 들고 있다.

아미타후불 탱화는 1847년(헌종 13년)에 제작하였다는 화기가 있다.
아미타 부처를 중심으로 네 모서리에 사천왕을 배치하고, 그 사이에 아
난 · 가섭 등 4대 제자와 관음 · 지장 등 8대 보살을 그렸다.

금탑사 괘불(보물 제1344호)은 삼세불과 협시보살을 그렸다. 권속들

은 상단과 하단에 배치되어 있다. 괘불을 보관하고 있는 괘불함은 1697년에 제작하였다는 명문이 쓰여 있다. 괘불이 제작된 해(1778년)보다 약 백여 년 전에 만든 것이다. 그러므로 새로 그린 궤불 이전에 이미 궤불이 있었다고 추측한다.

금탑사 아미타여래

052

고흥 신호리

석
주

신호리 석주(전라남도 문화재자료 제185호)는 '탑동' 또는 '탑성동'이라는 곳에 서 있다. 이름으로 보아 탑이 있었던 것으로 추정되는데 탑은 보이지 않는다. 마을 사람들은 이 석주를 석당간이라고 부른다. 옛날 이곳에 한자사(寒子寺) 또는 한사(寒寺)라는 절이 있었다고 한다. 사찰의 흔적은 남아있지 않고 절에 세운 당간만 홀로 서 있다.

당간은 깃발을 걸기 위해 세운 기둥이다. 우리나라 고대의 솟대신앙이 불교와 만난 것으로 해석하는 학설이 지배적이다. 신호리 석주는 절 입구 또는 경계를 표시하는 당간의 구실을 하였던 것으로 추정된다.

석주는 기단석 위에 팔각형의 돌기둥을 세웠다. 석주의 형태는 밑 부분이 굵고 위로 올라가면서 좁다. 꼭대기에 사각형의 보륜과 보주로 볼 수 있는 둥근 부분을 한 개의 돌로 조각해서 얹었다. 드론을 띄워 보니 보

주에 구멍이 뚫려있다. 구
멍에 깃대를 세웠던 것으
로 보인다.

보통 석주를 세울 때 양
옆에 별도의 지주를 세워
고정하는데 이 석주는 지
주 없이 기단석에 홈을 파

석주 꼭대기에 있는 깃발을 꽂는 구멍

고 세웠다. 석주의 주변에서 고려 말, 조선 초기기 것으로 추정되는 청자
조각과 기왓조각 등 유물이 발굴되었다.

논 가운데 서 있는 석주

남해안 108 성지순례

053

고흥 팔영산

능

가

사

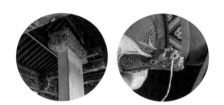

능가사는 팔영산이 팔을 벌려 감싸 안은 듯 넉넉한 산자락에 포근히 안겨 있다. 팔영산에는 이런 이야기가 전한다. 어느 날 중국의 위나라 왕이 세수를 하려고 물을 받았더니 그 대야에 여덟 개의 봉우리가 비쳤다. 그래서 신하들을 보내 찾게 하여 발견한 산이 팔영산이었다 한다.

팔영산은 여덟 봉우리가 병풍같이 서 있어서 신령한 기운이 뭉친 산이라고 하여 한때 신흥 종교의 요람이 되기도 하였다. 팔영산에는 조선시대에 봉수대가 있었으며, 지금도 그 흔적이 남아있다. 일제 강점기에는 일본인들이 우리 민족의 정기를 끊기 위하여 팔영산 봉우리에 쇠말뚝을 박았다고 한다. 대한제국 말에는 의병 활동의 근거지가 되었고, 한국전쟁 때는 빨치산의 은신처가 되었다.

능가사로 가는 길은 최근 팔영산 도립공원 지구로 들어가는 길을 확장하여 새로 포장한 도로가 시원하게 뻗어있다. 능가사 입구에 도립공원 안내를 위한 관리소와 주차장이 있다. 관광 안내소에서 조금 올라가면 능가사 일주문이 맞아준다. 능가사는 천년 고찰이다. 능가사는 송광사·대흥사·화엄사와 함께 호남의 4대 사찰이었으며, 한때 사십여 암자가 있었다고 한다. 사적비에 따르면 417년(신라 눌지왕 1년)에 아도 화상이 보현사(普賢寺)라는 이름으로 절을 창건하였다. 《삼국유사》에 보면 고구려 승 아도가 신라로 가서 불교를 받아들일 것을 포교하였다. 사람들이 전에 보지 못하던 것이라 하여 꺼리고 심지어 죽이려는 사람까지 있었다. 아도는 화를 피해 일선현 모례(毛禮)의 집에 숨어 살며 신라에 불교를 처음 전한 스님이다.

여기서 '모례'라는 말에 주목할 필요가 있다. 산스크리트어로 사원을 가리키는 말이 'Terra'다. 'Terra'를 소리 나는 대로 '텰라'로 읽고, 음과 훈을 향찰로 표기하여 '毛禮'로 적었을 것이다. 사찰을 순우리말로 '절'이라 하는데, 이 말은 '텔라-텔-델-덜-절'로 음운 변화를 일으킨 말이라고 생각된다. 그러니까 삼국유사에서 말한 '毛禮의 집'은 모례라는 구체적인 사람이 아니라 스님이 머물렀던 집, 다시 말하면 신라 최초의 '절'이었던 셈이다.

그런데 능가사를 신라의 아도가 지었다는 설화는 당시 이곳이 백제의 땅이었으므로 시대 상황이나 거리상으로 보아 무리가 있다. 이후 통일신라시대 또는 고려시대까지 능가사에 대한 기록이 없어서 결국 능가사가 언제 누구에 의해 창건되었는지는 구체적으로 알 수 없다.

이 절은 조선조에 들어서 임진왜란 때 모두 불탄 뒤 1644년(인조 22년)

에 벽천 대사가 중창하고 이름을 능가사로 바꾸었다. 그 뒤 여러 차례 중수하였다. 근래에 응진전과 사천왕문을 수리하여 오늘에 이르고 있다. 이 밖에도 절의 경내에는 부도 8기가 있다.

능가사 극락전 앞마당에 의상스님의 법계도(화엄일승법계도)를 새겼다. 법계도는 의상 스님이 불교 최고의 경전인《화엄경》의 핵심을 7언 30구 210자로 요약하여 기하학적 도형으로 만든 게송이다. 일반인들은 법계도에 대해 잘 모를 텐데 안내 표지판이 있으면 하는 아쉬움이 있다. 성보문화재로는 대웅전(보물 제1307년)·사적비(전라남도 유형문화재 제70호)·범종(전라남도 유형문화재 제69호)·사천왕상(전라남도 유형문화 재 제224호)·응진당·종각·천왕문·요사채 등이 있다.

대웅전에는 목조삼불상이 봉안되어 있다. 본존불 좌우로 문수보살과 보현보살로 추정되는 입상이 협시하고 있다. 모두 결가부좌하고 수인은

뱀을 쥐고 있는 능가사 사천왕상

아미타의 중품하생인을 취하고 있다. 응진당은 사적비에 따르면 17세기 후반 능가사를 중창할 때 지은 건물이라고 기록되어 있다. 이곳에 봉안한 응진당의 목조삼존불 역시 이 시기에 조성되었을 것으로 추정된다.

천왕문의 사천왕상은 천왕문과 함께 만들어진 것으로 현종 7년(1666년)에 조성되었다. 나무로 만든 사천왕상은 특이하게 서방광목천왕이 뱀을 쥐고 있는 모습이다. 이는 원나라 라마교의 영향을 받은 것으로 보인다.

범종은 1698년(숙종 24년)에 주조되었다. 이 종을 치면 인근 점암면 일대에 울려 퍼질 정도였는데, 일제 강점기에 일본인들이 탐을 내 헌병대까지 끌고 가 종을 쳐봤으나 소리가 나지 않았다는 일화가 전해진다. 종은 특히 가운데 부분에 조선시대의 범종에서 볼 수 없는 특이한 방식으로 《주역》에 나타나는 건곤 팔괘가 새겨져 있다.

영조 때 이중환의 《택리지》에 이런 기록이 있다. 옛날 일본 류큐(琉

 남해안 108 성지순례

球; 지금의 오키나와)의 태자가 표류하다가 이곳에 이르렀다. 태자가 이 절의 관세음보살에게 기도하면서 고국으로 돌아가게 해달라고 빌었더니 7일 만에 승려가 나타나서 태자를 끼고 파도를 넘어갔다고 한다. 절의 승려들이 이 내용을 법당 벽에 그려놓았는데 영조 때까지 남아있었다고 전한다.

능가사에서 템플스테이가 가능하고 절에서 계곡을 따라 조금 올라가면 민박산장이 있다.

순례기를 마무리하며

성지순례를 계획한 내 생각과 의도는 구법여행이었다. 진리를 구하기 위해 길을 떠난 남순동자가 되어보는 것이 첫 번째 목적이었다. 머리를 깎고 수행자가 되지 못한 아쉬움을 성지순례를 통해 간접이나마 체험하고 싶었다.

나는 고등학교 2학년 때 효봉 스님이 입적하고 53과의 사리가 나왔다는 기사를 컬러 사진으로 보고 놀라움과 함께 큰 의문을 가졌다. 그 이후로 불교 관련 서적을 구해서 읽으며 불교를 제대로 알려면 출가해야 한다는 결론에 이르렀다. 일단 집을 떠났으나 그 당시까지만 해도 불교는 포교가 체계화되지 못해서 마땅히 어디로 가야 할지 몰라 되돌아와 출가 아닌 가출로 끝나고 말았다. 30년 지나 동아일보사에서 《효봉스님일대기》 집필 의뢰를 받은 것은 우연이 아니라 스님과의 인연이라고 생각한다. 세상에 다시 태어나서 제일 하고 싶은 것이 무엇이냐 물으면 서슴없이 출가라고 답할 것이다. 이번 순례는 그러니까 출가 수행자 되어보기였다.

3년에 걸쳐 성지순례를 하는 동안은 살아온 삶의 궤적을 되돌아

보며 반성하고 용서를 구하는 시간이었다. 게으르고 투철하지 못한 성격, 떳떳하고 당당하게 살지 못한 부끄러운 삶을 되돌아보았다. 그리고 인연 있는 모든 이들에게 특히 가족에게 아들로서 아비와 남편으로서 제구실을 하지 못한 회한이 가슴을 후벼 팠다.

순례길이 나처럼 인생의 후반에 들어선 사람들에게 삶을 되돌아보고 성찰하는 길이라면, 젊은이들에게는 순례길 고행이 인생을 설계하며 각오를 다지는 기회가 될 것이다. 어떤 일을 하다가 실패하거나 좌절했을 때, 대인관계가 잘 풀리지 않거나 배신당한 경우, 인생의 방향을 새롭게 설계하고자 하는 사람이라면 순례길 걸으며 반드시 해답을 얻을 수 있으리라고 확신하며 추천한다.

다음으로 순례 길에서 얻은 수확은 미처 알지 못한 역사를 체험하는 기회였다. 남해안은 임진왜란과 정유재란으로 큰 피해를 입은 곳이다. 가는 곳마다 유적지가 남아 있고, 천대받던 불교가 나라를 구하기 위해 제일 선봉에 서서 목숨을 던졌다는 사실을 눈으로 보고 확인하였다.

또 하나 중요한 소득은 문화의 가치와 보존의 중요성을 체감했다는 것이다. 불교가 우리 민족 문화를 보존하는데 얼마나 큰 공헌을 했는지 새삼 느꼈다. 불교가 민족의 정신적 지주가 되어 오늘까지 이어온 맥락을 짚어보는 현장이었다. 폐사지에서 소리 없이 들려오는 선조들의 말을 듣고, 여러 가지 생각과 느낌이 가슴 속으로 밀려왔다. 사찰 건축과 불상이나 탑 같은 조형물, 단청과 벽화, 꽃살문 같은 우수한 문화재들을 통해 조상들의 숨결을 느낄 수 있었던 기회는 행운이었다.

《남해안 108 성지순례》는 2019년 10월 28일에 출발하여 약 3년에 걸쳐 마쳤다. 예기치 못한 코로나 때문에 지연되었고, 확인을 위해 재방문하는 일이 생겨 시간이 지연된 것이다. 결국 108성지를 두 차례에 걸쳐서 순례하게 되었다. 한번은 자동차로 한번은 도보로 돌았는데, 한꺼번에 이어서 하지 못하고 몇 구간으로 나누어서 순례하였다.

순례길 총 길이는 도보 1,320km, 자동차 1,600km 내외가 된다.

순례에 걸리는 시간은 사람에 따라 약간의 차이가 있겠지만 도보 60일 전후, 자동차 20일 전후로 예상한다. 순례 비용은 기간을 60일로 잡으면 숙박비 약 300만 원(60일×5만 원), 식사 및 간식비 120만 원(60일×2만 원)으로 기본 경비는 450만 원 안팎이 될듯하다.

순례에서 가장 큰 애로는 숙소다. 걸어서 갈 때 중간에 숙소를 만나지 못하면 버스를 타거나 택시를 불러서 숙소까지 가야 하는 코스가 두세 곳 된다. 사찰에서 템플스테이를 제공하면 해결될 터인데, 이 문제는 성지순례가 한국 불교의 역사적 과업이라고 인식하고 종단 차원에서 풀도록 제안하고 노력할 생각이다.

건강한 남자는 1인용 텐트를 가지고 가서 마을 근처에 텐트를 치거나 마을회관 또는 경로당을 이용할 수 있다. 마을회관을 이용하면서 일정한 비용을 지불하고 숙소를 제공하는 제도가 활성화되었으면 좋겠다. 앞으로 지방자치 단체를 방문하여 이 문제를 푸른 방법을 협의하려고 한다. 성지순례 하는 사람이 많아지고 활성화되면 마을의 수익사업으로 자리잡을 수도 있을 것이다.

성지순례 계획을 세우며 미리 조사할 때 각종 문헌과 블로그에 올린 글들이 많은 도움을 주었다. 참고문헌은 수록하였는데 블로거들이 사찰을 소개하며 올린 글들은 일일이 밝히지 못했다. 블로거들에게 양해를 구하고 감사드린다.

이번에 엮은 《남해안 108 성지순례기》는 역사적으로 오늘 이 시점에서 보고 느끼고 생각한 흔적을 정리한 글이다. 이 순례기가 앞으로 이 길을 걷고자 하는 사람들에게 가이드북으로 도움이 되기를 바라는 소박한 마음을 가져본다. 100년 뒤, 또는 천년 뒤 이 길을 걸으며 많은 사람들이 나름대로 깨달은 결과를 담은 훌륭한 순례기가 반복해서 나올 것이라고 기대한다.

이 책을 엮으며 주변에서 많은 도움을 받았다. 특히 진관사 주지 법해 스님과 봉은사 주지 원명 스님은 용기와 격려를 아끼지 않으셨다. 그리고 제자들의 도움이 컸다. 한양대 서동호 부장은 사진작가로서 드론까지 띄우며 사진촬영을 해주었고, 홍기면 서울

Scholasrs 국제학교 이사장은 자료를 정리하고 마무리하는데 애를
많이 썼다. 임준성 교수는 흔쾌히 책의 제목을 써주어 책에 빛을 더
했다. 출판계의 어려움에도 정기국 사장은 기꺼이 출판을 약속해
주었다. 좋은 제자들을 둔 보람을 느끼며 감사한다.

참고문헌

국립문화재연구소, 『한국의 고건축』, 1998.

국제불교도협의회, 『한국의 명산대찰』, 1982.

권상로, 『한국사찰전서』, 동국대학교 출판부, 1979.

문화재관리국, 『문화유적총람』, 1977.

문화재청, 『한국의 사지』, 2016-2019.

사찰문화연구원, 『전통사찰총서』(전남, 부산, 경남), 1996-2005.

순천시 · 순천대학교박물관, 『순천시의 문화유적』II, 2000.

이고운, 『명산고찰 따라』, 신문출판사, 1982.

이고운 · 박설산, 『명산고찰 따라』, 우진관광문화사, 1982.

이능화, 『조선불교통사』, 신문관, 1918.

이정, 『한국 불교 사찰 사전』, 불교 시대사, 1996.

이종범 외, 『여수시의 문화유적』, 여수시 · 조선대학교박물관, 2000.

조계종 총무원, 『한국의 전통 사찰』I, 2010.

조선총독부, 『조선금석총람』, 1919.

최인선 외, 『호남의 불교문화와 불교유적』, 백산서당, 1998.

한국문화유산답사회, 『답사여행의 길잡이』, 2010.

한국불교연구원, 『한국의 사찰』, 일지사, 1975.

한국학중앙연구원, 『한국민족문화대백과사전』, 1991.

화순군 · 조선 대학교 박물관, 『화순군 의 문화 유적』, 1999.

경남매일, http://www.gnmaeil.com.

국가문화유산포털, https://www.heritage.go.kr/

나무위키, http://www. namu.wiki.

네이버지식백과, http://www.naver.com

대한민국 구석구석, http://www.korean.visitkorea.or.kr

두산백과, http://www.doopedia.co.kr

문화재청, http://www.cha.go.kr

불교닷컴, http://www.bulkyo21.com.

불교타임즈, https://bud1080.tistory.com/2542

전통 사찰 종합 정보, http://www.koreatemple.net.

한국향토문화전자대전, http://www.grandculture.net/

현대불교신문, http://www.hyunbulnews.com.

남순동자 구법여행 ❶
남해안 108 성지순례

초판 1쇄 발행일 | 2023년 10월 5일

지은이 | 김용덕
펴낸곳 | 북마크
펴낸이 | 정기국
디자인 | 서용석
관리 | 안영미

주소 | 서울시 성동구 마조로 22-2, 한양대동문회관 413호
전화 | (02) 325-3691
팩스 | (02) 6442 3690
등록 | 제 303-2005-34호(2005.8.30)

SET ISBN | 979-11-981763-8-7 (세트)
ISBN | 979-11-981763-5-6(14220)
값 | 값 16,000원

이 도서는 한국출판문화산업진흥원의 '2023년 중소출판사 출판 콘텐츠 창작 지원 사업'의 일환으로
국민체육진흥기금을 지원받아 제작되었습니다.

| 037 |
보성 봉천리 탑동

오
층
석
탑

봉천리 오층석탑(보물 제1115호)은 반석리 석불좌상에서 2km 떨어진 보성군 복내면 봉천리 탑동 마을에 있다. 마을로 들어가다가 보면 왼쪽으로 당나무가 있고 당촌 마을 표지석이 나온다. 골목길을 따라가다가 왼쪽 언덕 위에 고려시대의 유물로 추정되는 오층석탑이 서 있다.

마을 입구에는 오층석탑에 대한 안내 표지가 없다. 마을 식당에 모인 사람들에게 탑이 어디에 있는지 물었다. 잘 모른다는 대답이다. 길을 가는 할아버지에게 물으니 대충 길을 가르쳐 주었다. 오층석탑이 있어서 마을 이름이 탑동일텐데 탑의 존재를 잘 모른다고 하니 이해가 안 된다. 절이 소실되고 탑만 남은 채 수백 년이 지나는 동안 사람들은 탑과 무관하게 살아서 잊힌 것일까. 절이 언제 폐사되었는지 몰라도 세상이 변하

174